¡SÁLVESE QUIEN QUIERA!

JORGE PORCEL

¡SÁLVESE QUIEN QUIERA!

BETANIA

Un Sello de Editorial Caribe

Betania es un sello de Editorial Caribe
Una división de Thomas Nelson, Inc.
Nashville, TN—Miami, FL (EE.UU.)

email: editorial@editorialcaribe.com
www.editorialcaribe.com

CONTENIDO

Agradecimientos   7

Prefacio   9

Introducción   11

1. Satanás paga muy mal a sus servidores   17

2. La boca: Fuente de vida o de muerte   55

3. La velocidad: Pasaporte a la muerte   70

4. La familia: Un blanco codiciado por Satanás   80

5. Testimonios   83

6. Situaciones que atormentan   97

7. Los poderosos vulnerables   109

8. Once respuestas a once preguntas clave   132

Qué son las sectas y cómo actúan
Guillermo Prein   132

Por qué el ser humano busca protección en amuletos,
horóscopos, síquicos, etc.
Guillermo Donamaria   148

Qué es el espíritu, el alma y la voluntad
Alberto Delgado   165

Qué es el pecado y cuáles son sus consecuencias
Eugenio Orellana   175

Qué es la tentación, cómo actúa y cómo vencerla
Alberto Mottesi   182

Qué es la Biblia y cómo comprenderla
José María Silvestri   189

Qué es un pastor, quién lo elige y cuáles son
sus responsabilidades
Luis Palau y *Jaime Mirón*   195

Qué es la fe y cómo funciona
Oscar Agüero   207

Qué es el yugo desigual
  Jaime Mirón   212
Qué es el cielo y qué es el infierno
  Ricardo Loguzzo   222
Qué es la salvación y cómo se logra
  Claudio Freidzon   231

9. Conclusión   236

Agradecimientos

Quiero expresar mi eterno agradecimiento, primero que nada a Dios por la oportunidad que me ha dado de manifestar su presencia, poder y misericordia, descubriendo algunas de las estrategias del maligno. Segundo, a los pastores y evangelistas por su valioso aporte al contestar las preguntas que son parte de las interrogantes que nos hacemos todos los días. Tercero, a Editorial Caribe por reiterar con este segundo libro su confianza en mí; y, por último, a mi amigo y hermano en Cristo, Eugenio Orellana, por su colaboración.

Jorge Porcel
Miami, 15 de febrero del año 2000

PREFACIO

Este libro tiene el propósito de manifestar el poder y la misericordia de Dios, narrando historias y testimonios verídicos a veces con crudeza y otras veces con humor. En algunos casos los nombres de las personas han sido cambiados.

Reafirma que nuestra lucha no es «contra sangre y carne, sino contra principados, contra potestades, contra los gobernadores de las tinieblas de este siglo, contra huestes espirituales de maldad en las regiones celestes» (Efesios 6.12) y muestra la estrategia a seguir para la destrucción de sus planes hasta la victoria final.

El autor

INTRODUCCIÓN

Es un día gris. A través de la ventana de mi cuarto veo los nubarrones negros presagiando una tarde lluviosa. Los que vivimos en Miami estamos preocupados pues es la época de huracanes. Y aunque pareciera que los habitantes de esta parte de los Estados Unidos estamos acostumbrados a estas cosas, no es así. Andrew, el último huracán devastador, cruel y asesino, ha dejado profundas huellas en la gente que pasó por esa triste experiencia, la cual rogamos a Dios que no se vuelva a repetir.

Me doy cuenta de la humedad que reina en el ambiente. Los partes del tiempo que me envía la Oficina de Meteorología de mi propiedad nunca se equivocan; me refiero a mi rodilla izquierda, que es mi mejor oficina de datos del tiempo. Cada vez que me paro o camino, su parte meteorológico me avisa que la artritis se cura bajando de peso. ¿Qué hago, entonces, con el sándwich de jamón y queso que me hizo mi mujer? ¿Y con el capuccino rebosante de espuma blanca y salpicado con una cucharadita de canela? ¿Devolverlo a la cocina? ¿Tirarlo por la ventana? ¿O comérmelo? ¿Qué hacer? Como la cocina está lejos, y la ventana está cerrada, opto por comérmelo, y de paso honro el trabajo esforzado de mi abnegada esposa, abnegada como todas las esposas que se han pasado la mitad de sus vidas cocinando para sus familias.

Enciendo el televisor. Recorro con el control remoto los distintos canales, tanto hispanos como anglos, en busca del último dato sobre la trayectoria del nuevo huracán. Me detengo en un canal hispano. Entre otras, las noticias son las siguientes:

- Inundaciones en Centroamérica causadas por las lluvias incesantes que han dejado a miles de personas sin hogar. Las enfurecidas aguas no respetan nada: escuelas y hospitales están repletos de damnificados que lo han perdido todo. Los derrumbes de las humildes casas sepultan muebles, artefactos del hogar y hasta los más íntimos recuerdos familiares. Mujeres con sus niños en brazos y con el agua hasta la cintura piden ayuda; otros escapan del temporal en frágiles canoas. Los equipos de la Defensa Civil y del ejército ayudados por algunos helicópteros no dan abasto para socorrer a los pobres damnificados. Las lluvias se hacen cada vez más persistentes. Los desmoronamientos de tierra provocan aludes que dejan bajo el lodo a familias enteras que no han tenido tiempo de escapar.
- En Colombia, la policía atrapa a un delincuente que confiesa haber secuestrado, violado y asesinado a más de 140 niños.

- En un acto de locura, un marido cegado por los celos asesina a su esposa y a sus tres hijos y luego se suicida.
- Un *security* en un *mall* saca su pistola y mata a un hombre por el delito de haber estacionado en un lugar prohibido.
- Un automóvil conducido por un joven de 16 años que lleva como pasajeros a tres compañeros de escuela de su misma edad, choca contra un muro produciéndose una colisión de la que resultan todos muertos, menos uno que llevaba puesto el cinturón de seguridad.
- Se afirma que en las carreteras de los Estados Unidos mueren cada año más de 6 mil jóvenes debido a accidentes trágicos, provocados por el consumo de alcohol y el exceso de velocidad.
- Un avión cae desde 10 mil pies de altura resultando todos los pasajeros y tripulación muertos.
- Varios alumnos de una escuela secundaria, vestidos de negro y con armas largas irrumpen en distintas dependencias de la *high school* disparando a diestra y siniestra. La confusión y el caos es total. Los muertos y heridos suman decenas. Los equipos SWAT de la policía local llegan a la escuela al tiempo que los alumnos aterrorizados huyen corriendo en todas direcciones. Algunos caen bañados en sangre para no levantarse más. Otros se arrojan por las ventanas. La noticia corre como reguero de pólvora. Los padres de los alumnos llenan los alrededores de la escuela, rompiendo en llanto y temiendo lo peor.

- Una voz autorizada informa al periodismo que en los próximos años habrá en el continente africano 11 millones de niños huérfanos por causa del SIDA.
- En un discurso, el presidente de la nación hace notar la preocupación que hay en la Casa Blanca por todos estos hechos y otros, como por ejemplo: Más de 100 mil personas mueren cada año en los Estados Unidos por «mala praxis» y equivocaciones en la confección de las recetas médicas.
- Las adolescentes de 12, 13 y 14 años que quedan embarazadas son cada vez más. Las madres jóvenes que matan a sus hijos recién nacidos por temor a ser descubiertas son moneda corriente.
- Las noticias son del mismo tenor más o menos casi cada semana, sin enumerar los otros delitos, tragedias y accidentes.
- Los terremotos cuando no ocurren en México, ocurren en Turquía, Irán o Japón.

El género humano se está destruyendo. Las noticias que oímos todos los días nos llevan a un estado de impotencia ante el dolor de los demás. Pareciera que estamos como anestesiados. Vemos y escuchamos pero no sentimos. Lo único que nos preocupa es resolver nuestros propios problemas hasta el punto que el dolor ajeno no nos llega a conmover.

¿Qué es lo que nos está pasando? La respuesta es bien sencilla: Satanás se está dando el gran festín con el mundo.

Pero no todo es así. No todo es indolencia. No todo es indiferencia y egoísmo. No todo es falta de sensibilidad y solidaridad. Hay una gran porción de hombres y mujeres de todas las edades sensibles al dolor ajeno y al amor por su prójimo. Ellos están luchando a brazo partido contra las amenazas que todos los días se ciernen sobre los que menos tienen y sobre los que no tienen nada; sobre los que tienen frío, hambre y sed de justicia; sobre los abandonados y desamparados, sobre los enfermos del cuerpo y del alma, sobre los condenados a la muerte eterna.

El amor de Cristo está haciendo maravillas a través de hombres y mujeres que, a riesgo de su propia integridad, están dando horas preciosas de sus vidas para llevar a los lugares más inhóspitos y remotos, donde la hambruna se enseñorea de los niños y donde las enfermedades y la muerte cabalgan por meses y por años sin que nadie las detenga, ropas, alimentos, medicinas y una palabra de aliento y de amor. En medio de tanto dolor, esos hombres y mujeres reciben como única paga una sonrisa.

Hay un ejército de personas orando por esos desdichados. Y otros que con su aporte económico contribuyen a aliviar sus necesidades más imprescindibles. Misioneros que cumplen funciones de madres, de padres, de médicos en los lugares más recónditos. Y es precisamente allí donde Jesús todos los días y en todo momento está haciendo prodigios y maravillas, sanando enfermos, levantando a paralíticos, devolviendo la vista a los ciegos, curando sorderas, rectificando huesos, sanando llagas y tumores. Milagros y más milagros. Cientos, miles de testimonios son proclamados todos los días y estos milagros solo los puede hacer el amor de Cristo.

«Porque de tal manera amó Dios al mundo, que ha dado a su Hijo unigénito, para que todo aquel que en él cree, no se pierda, mas tenga vida eterna» (Juan 3.16).

I

SATANÁS PAGA MUY MAL A SUS SERVIDORES

Desde el momento en que Adán y Eva dejaron la puerta abierta al pecado, en ese mismo instante otorgaron autoridad a Satanás, quien se ha trazado un plan para aniquilar al mundo.

Este siniestro personaje no duerme ni toma vacaciones con tal de llevarse a alguien consigo para siempre.

Satanás es mentiroso; es más, es el padre de mentira. Es inteligente, hábil, audaz, convincente, sutil. Utiliza toda clase de disfraces y toda clase de voces. Es oportunista y pone en acción a un ejército de demonios para aparentar ser omnipresente y omnipotente como lo es Dios.

Es imitador, tiene poder, hace milagros, fabrica visiones que son vistas individual y colectivamente, da triunfos, riquezas, poder, fama; pero a la corta o a la larga, siempre les pasa la cuenta a sus seudos beneficiarios.

¿Cómo se sirve a Satanás? Haciendo todo lo contrario de lo que dice Dios. Veamos un ejemplo:

El playboy

Antonio es un conquistador de mujeres; lo que se dice, un hombre irresistible. Apuesto, bien parecido, grandilocuente, elegante, de buena posición económica y social. Es un alto ejecutivo de una empresa importante. De buenas maneras, simpático y agradable, tiene automóviles deportivos y un yate donde cada fin de semana agasaja a hombres y mujeres de su amistad donde abundan el whisky, el ron y el champán; en fin, este soltero empedernido, rey de la noche del jet-set, es lo que se dice todo un playboy. Envidiado por los hombres y perseguido por las mujeres, lleva una vida muy particular. De día atiende sus negocios con eficiencia y de noche sale a practicar su deporte favorito: la caza de mujeres. Para él, cada mujer es un trofeo a la que hay que encantar, seducir y enamorar hasta que la presa cae rendida a sus pies, borracha de promesas, casi siempre con un mismo final: una noche de amor, de pasión, de lujuria. Estos hechos suceden casi siempre de la misma manera. Las tácticas y actitudes no cambian; lo que cambian son los personajes, pero los decorados y los libretos son los mismos.

Hasta que una noche conoce a una mujer muy especial. Bellísima, seductora, de finos modales. Aparentemente es igual que las otras, pero tiene una particularidad que para Antonio la hace aun más atractiva: es casada. Ahora la situación es totalmente distinta. Es todo un desafío. Antonio echa mano a toda su gama de recursos. La mujer se defiende. Él insiste. La batalla está casi ganada. Pero hay un inconveniente: la mujer está separada de su esposo y este le niega el divorcio. Los celos de su marido hacen que la relación sea cada vez más insostenible. Las peleas y reyertas se agudizan con el paso de los días. Antonio no quiere perder la batalla. Para él, lo prohibido tiene un sabor más excitante. Lo ha transformado de cazador en cazado. Ahora el trofeo es él. Los encuentros esporádicos con la mujer son casi a escondidas. Pese a sus reiteradas negativas, Antonio logra convencerla y la visita en su casa. El juego es cada vez más excitante. El temor de ella, la insistencia de él y las copas encienden aun más las pasiones. Antonio ha ganado la batalla. El dormitorio es el escenario final. Dos cigarrillos en la oscuridad son los cómplices del hecho consumado. Se abre la puerta del dormitorio. La figura recortada de un hombre empuñando un arma es lo último que ven los dos amantes.

En la primera fila está Satanás, aplaudiendo de pie y gritando, «¡Bravo! ¡Bravo!» No hay ninguna duda. Satanás les ha pasado la cuenta al fornicario y a la adúltera.

¡No codiciarás la mujer de tu prójimo! (Éxodo 20.17).

Si usted se ve reflejado en algunos de estos personajes, le dejo estos cuatro renglones en blanco para que piense y reflexione.

El relato del *playboy* está sacado de sucesos que como este han llenado páginas y páginas de periódicos. Pusimos al personaje central como un triunfador admirado, envidiado e imitado por otros hombres. El personaje puede ser de cualquier condición. Estas tragedias se dan en personas de diferente estatura social y económica. Puede ser un político, un profesional, un obrero o un deportista. Lo que queremos resaltar es el pecado cometido y las facilidades que da Satanás para que el pecador transite cómodamente por el camino prohibido sin imaginar el trágico final.

El profesor de tenis

Enrique es un abogado de 40 años. Casado. Tres hijos, dos mujeres y un varón. Un día, empieza a sentirse mal como nunca antes se ha sentido. Su organismo le está avisando que algo no anda bien con su salud. Sin demora llama a su médico y ese mismo día, a las seis de la tarde está en el consultorio. Después de las revisiones de rutina, el médico le aconseja que se haga un chequeo general. Al cabo de unos días, el médico lo llama. Enrique, un hombre inteligente, advierte de inmediato que las noticias no son buenas. Tras un largo silencio, pregunta: «¿Qué tengo, doctor?» El médico, con un gesto de preocupación, le dice: «¡Tiene SIDA!» Enrique siente que un frío intenso le invade el alma. Sus manos se empapan de sudor. El mundo entero se le ha caído encima. Recomponiéndose un poco, balbucea:

Enrique: ¡No puede ser...! ¡No puede ser! Debe haber una equivocación.

Médico: ¡Lo siento mucho, pero me temo que no hay tal equivocación!

Enrique (desesperado): ¡Seguro que es una equivocación! ¡Desde que me casé hace 20 años he tenido relaciones sexuales solamente con mi esposa! ¡Se lo juro!

Médico: ¡Le creo! ¿Qué quiere que hagamos?

Enrique: ¡No lo sé! ¿Qué recomienda usted?

Médico: Hagamos nuevos exámenes para eliminar toda duda.

Enrique: Está bien.

Esa noche Enrique llega a su casa con el rostro descompuesto por la noticia recibida. Su esposa y sus hijos no están. Se sienta en un sillón y empieza a sollozar. Llora como un niño. Pasa un largo rato. Son cerca de las 9 cuando su esposa y sus hijos irrumpen en la sala. Vienen de jugar tenis en el club que está a escasos metros de la casa de Enrique.

Una de las hijas advierte que su padre no está bien y le pregunta qué le pasa, por qué tiene esa cara de preocupación. Forzando una sonrisa, Enrique le dice: «¡Nada de importancia! Problemas en el trabajo».

Enrique come en silencio mientras su esposa y sus hijos ríen y comentan el juego de tenis que han tenido. La esposa le dice a Enrique: «¡Cambia esa cara, por favor! ¿Qué te pasa? ¿Estás contrariado por algo?» Enrique contesta disimulando su pesar: «¡Problemas de trabajo, nada más!»

Son las dos de la mañana. Enrique está frente al televisor haciendo como que mira una película. Esa noche no pega un ojo. Recién a las seis se queda dormido en el sillón. Al rato, su mujer lo despierta, diciéndole: «¡A ti te pasa algo!» Él la mira, y le dice: «¡Te dije que no me pasa nada!» Así transcurren los días. Casi toda la familia ha notado el cambio en la conducta de Enrique.

El día martes, Enrique está otra vez en el consultorio del médico. La mirada de este lo dice todo. ¿Resultado final? SIDA.

¿Qué había pasado? Los directivos del club de tenis habían resuelto cambiar todo el *staff* de instructores. Los nuevos, eran todos jóvenes, dispuestos a enseñar lo mejor que sabían de ese difícil deporte. Entre todos se destacaba Jimmy, un muchacho de unos 28 años, guapo y con una personalidad cautivante; tanto así que todas las jovencitas se enamoraron de sus ojos azules y las maduras no les iban en zaga. Todas querían ser sus alumnas; parecía que los otros instructores estaban de más. A Jimmy esta situación no le desagradaba en absoluto. Al poco tiempo empezó a salir con una y con otra, una y otra vez. Con todas ellas logró su intención final, estableciéndose una suerte de competencia entre las jovencitas y las no tan jóvenes. Jimmy se había convertido en el hombre perfecto para una aventura. Bastaron unas semanas para que empezaran las peleas entre las mujeres, y en algunos casos entre madres e hijas, convirtiéndose el club en una competencia cuyo premio era Jimmy.

El fin de todo se puede resumir así: Jimmy tenía SIDA, aunque no lo sabía; por lo tanto, cada mujer con la que había tenido relaciones se había infestado. Las más jóvenes infestaron a su vez a sus novios ocasionales y las mayores, a sus maridos. Uno de estos era Enrique, quien durante 20 años le había sido fiel a su mujer.

Moraleja: Con Satanás no se debe jugar ni siquiera al tenis.

Con quien más se ensaña Satanás es con la familia. Y los más vulnerables son los niños. Millares de criaturas andan ambulando por el mundo, hambrientos y sin protección alguna, abandonados a su suerte. Otros, huérfanos, como resultado de guerras que se vienen dando por siglos entre países desde que el mundo es mundo. Gran cantidad de estos niños son violados y abusados física y mentalmente; explotados en trabajos como si fueran esclavos por una paga miserable. Cientos de miles mueren por enfermedades e inanición antes de cumplir los 3 años. La mayoría no han recibido nunca una caricia, ni siquiera han conocido a sus madres, careciendo de toda capacidad y entendimiento para comprender el por qué de su abandono.

El aborto

Si leemos las cifras de los abortos que se practican a diario en el mundo, comprobaremos que son aterradoras.

Por más que se le dé vueltas al asunto y que se busquen explicaciones o razones, sin duda alguna y sin pensarlo demasiado, el aborto, mírese por donde se mire, es un asesinato.

Muchas organizaciones que dicen defender los derechos de la mujer, grupos feministas y otros movimientos pro-aborto están demandando y presionando permanentemente a sus gobiernos respectivos nada más y nada menos que el derecho a decidir la vida o la muerte de esos seres indefensos.

El hecho de abortar trae en muchos casos resultados nefastos tanto para la mujer que se decide a hacerlo como para la persona que lo realiza. Ese alivio aparente que siente la mujer produce casi siempre un estado de tranquilidad transitoria. Sin embargo, tarde o temprano, el recuerdo de haber abortado hará crisis con consecuencias síquicas y espirituales imprevisibles.

Se ha dado el caso que muchas mujeres después de haberse realizado uno o más abortos, con el tiempo han decidido quedar nuevamente embarazadas, pero no lo han logrado. Empiezan entonces a sentir envidia cuando ven a otra mujer a punto de dar a luz, o a una madre con su bebé en brazos. Cuando ven a un niño jugando en un parque, experimentan un sentimiento de culpa tal que las hace decir: «¿Qué hice, Dios mío? ¡Mi hijo tendría ahora cinco años!» Ese recuerdo las acompañará todos los días de sus vidas y el sufrimiento se hará insoportable.

Los médicos

No quisiera estar en el pellejo de aquel o aquella persona que practica abortos.

Tengo un caso para contar:

Una noche conocí a un médico que vino a atenderme de urgencia al camerino del teatro donde trabajaba. En esa época yo intentaba bajar de peso de cualquier manera. Mi lucha con la balanza era constante. Esa mañana tomé un diurético tan potente que en pocas horas había eliminado dos litros de líquido. Perdí tanto potasio que se me acalambraron las piernas y me bajó la presión en tal grado que casi perdí el conocimiento.

Después de las revisiones de rigor, el médico se quedó allí, charlando conmigo. Nos empezamos a contar nuestros comienzos, él como médico y yo como actor. Me comentó con orgullo el sacrificio que habían hecho sus padres para que él pudiera estudiar medicina pues no contaban con los medios que usualmente se necesitan para costear esa carrera. Al rato le dije que lo tenía que dejar porque faltaban pocos minutos para comenzar la segunda función y yo abría el espectáculo. Le pregunté por sus honorarios y sonriendo, me contestó: «Una foto suya autografiada. Cuando cuente en mi casa que lo atendí a usted no me lo van a creer». Yo le dije: «Lo siento, no tengo fotos; se me acabaron, pero si quiere lo invito a ver la función». Aceptó gustoso. Lo hice sentar en la primera fila. Después de terminado el espectáculo nos encontramos en la entrada del teatro. Nos dimos un apretón de manos y antes de despedirse me preguntó en cuál de los restoranes del área se comía bien y barato. Entonces le dije: «¿Por qué no hacemos una cosa? Yo tengo dos compañeros que me están esperando para ir a cenar. ¿No quisiera venir con nosotros?» Aceptó.

Enseguida le presenté a los dos compañeros con quienes cenaríamos: Pete Martin y Marlio Salce, cuyo parecido con Stan Laurel era notable. Fuimos a un restorán de la costanera frente al Río de la Plata. Es un lugar muy poco común donde hay cerca de setenta restoranes uno al lado del otro y casi todos con la misma especialidad: carne a la parrilla.

Aquella fue una noche en que desfilaron los chorizos, los chistes y las morcillas. ¿Y por qué no? También una tirita de asado acompañado por ensalada y papas fritas. La sobremesa transcurrió normalmente. El médico preguntaba cosas de teatro y nosotros cosas de medicina. Cuando nos dijo lo que ganaba mensualmente por trabajar en el hospital casi le hicimos una colecta entre todos. Nos pareció irrisoria la cantidad. ¡Tan poco para quien tenía tanta responsabilidad!

No sé cómo fue que llegamos al tema del aborto.

El médico nos contó que en un viaje a Estados Unidos había conocido en California a un colega que a pesar de su juventud y corta trayectoria profesional vivía como un magnate. Ganaba fortunas haciendo abortos. Nuestro médico invitado le preguntó cómo podía hacer eso y estar tan tranquilo. La respuesta fue: «¡Aquí eso es normal! Molesta un poco al principio, pero después uno se acostumbra».

Durante cinco o seis años ese médico siguió practicando abortos y ganando grandes sumas de dinero. Un día, al volver a los Estados Unidos, se lo encontró en la calle. Había envejecido 10 años. Su mirada y sus gestos no eran los mismos. Hablaba incoherentemente, saltando de un tema a otro de manera imprecisa. Estaba bajo atención médica afectado por una crisis emocional aguda. Su sentido de culpa y su conciencia lo habían llevado a un estado depresivo del que no pudo salir. Al poco tiempo lo encontraron muerto. Se había quitado la vida en su propio consultorio, en el mismo lugar donde había asesinado a tantos inocentes.

¡Satanás le había pasado la cuenta!

Pero las parteras temieron a Dios, y no hicieron como les mandó el rey de Egipto, sino que preservaron las vidas a los niños (Éxodo 1.17).

Ha transcurrido un mes. Del televisor brotan sangre y lágrimas de dolor cada vez que veo un noticiero. Hoy temprano acaban de matar a Paco Stanley, notable y conocido presentador de la televisión mexicana. En plena calle, en un radio céntrico y a la luz del día dos hombres fuertemente armados bloquean el paso del vehículo que lo conduce y sin mediar palabra descargan sobre él más de cincuenta disparos. La confusión es general. Paco Stanley yace sin vida dentro del vehículo.

Al poco tiempo veo en el noticiero de Colombia al locutor diciendo a la teleaudiencia que más de seis mil niños y niñas de entre 7 y 12 años viven, juegan, comen y duermen en las cloacas de la ciudad de Bogotá, en cuyos túneles abundan las ratas. La mayoría de esos niños ha escapado de sus hogares huyendo de borracheras, peleas, agresiones físicas, discusiones y otros problemas producidos por sus padres. Han preferido vivir solos en la miseria, en la oscuridad y entre la pestilencia a soportar la falta de amor, incomprensión y el dolor de vivir en toda clase de promiscuidades esperando un trágico final. Muchos de ellos se alimentan aspirando bolsas de pegamento, una nueva manera de abstraerse de todo lo que les está pasando. El pegamento va llegando lentamente al cerebro; sus ojitos tiernos y dulces miran sin ver. No escuchan. No hablan. Parecen autómatas, hasta que tambaleantes, caen en un estado de semi inconsciencia, con los párpados entre abiertos y el respirar lento y pesado. El pegamento ha hecho su efecto. Al otro día, otra vez la misma historia: comer lo que les dan, o lo que sobra de las sobras mismas, peleándose por abrir las puertas de los taxis, donde cada moneda recibida como propina es un tesoro. Muchos de estos niños mueren arrollados por los vehículos que a alta velocidad pasan por la calle. O envenenados, o en peleas, o asesinados, o enfermos de ese mal incurable llamado tristeza.

La pornografía infantil

En Holanda y otros países de Europa, con ramificaciones en Estados Unidos y Brasil, acaban de descubrir una red que se dedicaba a explotar la prostitución infantil.

Un periodista con su camarógrafo va recorriendo las calles de Río de Janeiro mientras muestra a los televidentes a niñas de 10 y 11 años en las puertas de sus favelas ofreciéndose a turistas ocasionales. El periodista pregunta a una qué edad tiene y esta responde: «¡Doce años!» El periodista le pregunta si sabe lo que está haciendo, y la niña responde que sí, que sabe perfectamente lo que hace. El periodista le pregunta si su madre está enterada. La niña responde: «¡Cómo no va a estar enterada si ella fue la que me enseñó!» El periodista quiere saber de su papá, a lo que la niña dice: «¡Está en la cárcel!» La cámara se detiene en la casita de la niña-mujer. En una de las paredes se lee, escrito con grandes letras, «¡Viva Flamengo!» El periodista sigue caminando. Es una zona muy peligrosa. Sabe que tiene que andarse con mucho cuidado pues en esa misma área la vida vale muy poco. Se detiene, y dice en cámara: «En esta zona, precisamente, diecisiete niños fueron asesinados por narcotraficantes».

Mientras el periodista habla, la cámara muestra imágenes que producen solo tristeza. Mi mente retrocede 35 años atrás, a 1964. Es el mes de enero. Me encuentro sin trabajo. La temporada de teatro ha comenzado. Las compañías están todas con su personal completo. Mi contrato con la televisión recién comenzará en el mes de abril. ¿Qué hacer durante esos tres meses? Caminando por la calle Florida me encuentro con un amigo que se dedica a la venta de pasajes. Es el director de una agencia de turismo muy importante. Entramos a una cafetería. Nos sentamos, y entre café y café le cuento que hasta el mes de abril no empezaría a trabajar. Me pregunta: «¿No te gustaría conocer Brasil?» Dijo tener la manera de que yo pudiera conocer el carnaval brasileño en todo su esplendor, vivir como un rey y todo sin gastar un solo peso. «Te digo más», agregó: «¡Te puedes traer unos cuantos billetes en el bolsillo!» Viendo la incredulidad pintada en mi rostro, me dice que sabe cómo hacer que ese ofrecimiento se convierta en realidad. Y uniendo la acción a la palabra, saca una pluma, un papel, anota el nombre y la dirección de un amigo suyo, y me dice: «Toma. Anda mañana a verlo a las 3 de la tarde que ahora mismo le hablo por teléfono. Te va a atender como si fuera yo».

Al otro día estaba 3 menos 10 en la puerta. Era la Compañía Naviera Ybarra. La cita era a las 3 en punto con el gerente general J. Carraud.

Yo: ¡Una agencia naviera! ¿Qué trabajo podrían darme aquí? ¿Cómo no le pregunté de qué se trataba...? ¿Y...? ¿Entro y me tiro el lance? Total, no tengo nada que perder.

Entro. Un mostrador, varios empleados conversando. Una señorita se acerca a preguntarme qué deseaba. Le digo que tengo una cita con el señor Carraud a las 3 en punto.

Señorita: ¿Su nombre?

Yo: ¡Cómo! ¿No me conoce?

Señorita: ¡No, señor!

Yo: ¿Cómo que no?... Míreme bien. Pasan dos segundos. Y ahora, ¿se da cuenta quien soy? ¿Sí o no?

Señorita: ¡No!

No era la primera vez que me pasaba, pero yo no me quería dejar vencer. Esta vez no estaba dispuesto a abdicar.

Yo: Señorita, ¿usted tiene televisor?

Señorita: ¡Sí!

Yo: ¿Se puede saber qué mira?

Señorita: ¡Nada!

Yo: ¡Cómo nada!

Señorita: Mire, señor. Yo me levanto a las 7 de la mañana. A las 8 y cuarto entro a trabajar aquí. Trabajo sin parar hasta las 6 de la tarde. A las 6 y cuarto salgo y me voy a la universidad. Llego a mi casa a las 12 de la noche, rendida y muerta de hambre. ¿Qué me dice?

Yo: Nada, señorita. Mi nombre es Jorge Porcel.

Señorita: En seguida vengo.

Camina unos pasos, regresa y me pregunta: ¿Me dijo Ponce?

Yo: ¡No, señorita! Porcel. P-O-R-C-E-L. ¡Porcel!

Señorita: Gracias, en seguida estoy con usted.

Al minuto regresa:

Señorita: Acompáñeme.

Sorteando varios escritorios y algunos empleados llegamos a un despacho que por el moblaje correspondía a un ejecutivo importante. Me siento y espero a que aparezca don J. Carraud. Me lo imagino todo un señorón español. Robusto, fumando un puro, con acento castizo y saludándome ceremoniosamente. Al rato entra un joven gordito en mangas de camisa, con una carpeta en la mano, la que deja encima del escritorio. Me mira, y me dice:

Gordito: ¿Qué hacés, gordito? ¿Cómo te va?

Yo: ¿Qué hacés, pibe?

Gordito: ¿Necesitás algo?

Yo: No, no. Estoy esperando al gallego.

Gordito: ¿A qué gallego?

Yo: Al gallego. Al patrón.

Gordito: El mandamás está en España. Viene muy pocas veces y lo peor es que cuando viene, viene sin avisar.

Yo: ¿Está en España? ¡Tenía una cita con él a las 3 de la tarde!

Gordito: ¿Una cita a las 3 de la tarde con el señor Ybarra?

Yo: ¿Qué Ybarra? ¡La cita era a las 3 en punto con un tal Carraud!

Gordito: ¡Ah! ¡Ahora me acuerdo que Pérez me llamó concertando la cita. El señor Carraud soy yo.

Yo: ¿Vos? ¡Qué vas a ser el señor Carraud vos, gordito atorrante!

Gordito: ¡Porcel. Te juro que soy yo! Si no, mira mis documentos.

Yo (Mirando los documentos): ¿Así es que vos sos Carraud...? Yo pensé que Carraud era un gallego. Cómo te podría decir: un señor mayor, muy ceremonioso.

Gordito: Ese es mi mal. Soy tan joven que nadie quiere creer que yo soy el gerente de esta compañía.

Yo: ¿Cómo conseguiste este trabajo? ¡Ya sé! ¡No me digas nada! Sos el novio de la hija de Ybarra.

Gordito: No. Nada de eso. Déjame que te cuente. Todo tiene una explicación. Resulta que yo soy uruguayo y desciendo de una familia que desde principios del siglo pasado, de generación en generación, han sido expertos en carga naviera».

Yo: ¿Y vos también sos experto en carga?

Gordito: ¡Sí! Y de los buenos.

Yo: Bueno, señor Carraud, no sé qué decirte.

Gordito: Decíme Jimmy. Jimmy Carraud... Vamos a hacerla corta mira que tengo mucho trabajo que hacer. Esta compañía realiza tres cruceros con pasajeros muy importantes a todas partes de Sudamérica para divertirse y pasarla descansando, comiendo, en fin... vos sabés. En síntesis, ¿te gustaría hacer la animación en el barco? El primer crucero es a los canales fueguinos hasta Chile, ida y vuelta. El segundo es a Punta del Este. Y el tercero es al carnaval, a Río.

Yo: ¿Los tres cruceros con los mismos pasajeros?

Gordito: ¡Gordo, no! Cada crucero con pasajeros distintos.

Yo: ¿Y qué tengo que hacer?

Gordito: Es fácil. Una tontería. Tenés que realizar los juegos de entretenimiento que empiezan a las 10 de la mañana y terminan a las 12. El horario del almuerzo es desde las 12 hasta las 3 de la tarde. Y a las 4, para que los pasajeros no se aburran, empieza otro entretenimiento que dura hasta las 6 y media. A las 7 te bañás, te afeitás, te ponés buen mozo y de riguroso smoking, cena de gala con el capitán.

Yo: ¿Así es que tengo que tener un smoking?

Gordito: No uno, dos. Después de la cena con el capitán y toda la plana mayor de oficiales comienza el baile.

Yo: Y yo, ¿puedo bailar?

Gordito: Puedo no, ¡debes bailar!

Yo: Ya me imagino a las chicas esperando turno para bailar conmigo.

Gordito: ¿Qué chicas?

Yo: ¿Cómo que qué chicas? Qué, ¿querés que baile con los camareros?

Gordito: Escucháme bien. Bailá todo lo que querás. Si querés bailás toda la noche pero, eso sí, con chicas no. Con las señoras mayores.

Yo: ¿Con viejas?

Gordito: Ni tan viejas, 55, 60, a veces 70 años. Tenés para elegir porque vienen como 300 en cada crucero.

Yo: ¡Qué! ¿Este es un barco o un asilo para ancianos?

Gordito: Después te cantás unos boleros, unos tanguitos... ¿Sabes cantar en inglés?

Yo: ¡No, pero aprendo!

Gordito: ¿Cuándo?

Yo: A la vuelta.

A los pocos días estoy en mi camarote acomodando mi ropa. Aquella resulta ser una noche inolvidable. Me pongo el smoking. El barco empieza a navegar en mar abierto. Comienza a moverse. Golpean a la puerta del camarote. La abro y me encuentro cara a cara con Jimmy Carraud.

Yo: ¿Qué haces acá?

Jimmy: Me olvidé decirte que te voy a acompañar en todos los cruceros. Estoy en el camarote de aquí al lado, de modo que cualquier cosa que necesités, me llamás... ¡Ah, y recordá que dentro de una hora y media empieza la cena con el capitán.

El barco se mueve cada vez más. Voy caminando por los pasillos de los camarotes y me bamboleo de un lado a otro. Me cruzo con un camarero.

Yo: Perdone, señor. ¿El barco siempre se mueve así?

Camarero: ¿Moverse? Esto no es nada. Espere a que entremos al Golfo de Santa Catalina.

Al rato me están presentando al capitán y a todo el cuerpo de oficiales. Me toca sentarme al lado del médico del barco. Tiene una cara de gallego que parece una paella con orejas. La mesa del capitán se empieza a llenar de viejas. Vienen del Perú y Brasil. Hay dos hermanas que han venido de España, varias argentinas, uruguayas, en fin. En esa mesa se han juntado por lo menos unos 3 mil años.

Al día siguiente, empiezo a trabajar. El barco está lleno de pasajeros. La gente joven está en la piscina; los mayores juegan bingo animadamente. En otro sector del barco algunos terminan de desayunar. Son los rezagados de siempre; esos que se acuestan cuando los demás se están levantando.

En la primer cubierta me encuentro con el capitán, un bilbaíno de unos 60 años, de 2 metros de altura y que infunde respeto con solo verlo. Después de un afectuoso saludo me informa que esa noche tendríamos baile sin parar hasta el día siguiente, pero sin música. La razón es sencilla: Dentro de pocas horas empezaremos a atravesar el Golfo de Santa Catalina. Pasa el tiempo y el barco navega normalmente. Me parece que el capitán se ha equivocado. A bordo todo es tranquilidad. Me voy al camarote y cuando estoy en la ducha totalmente enjabonado, el barco empieza a bailar pero no precisamente un bolero. Por la manera en que se mueve parece una jota aragonesa. Salgo del baño. El barco se mueve cada vez más. Necesito no menos de tres minutos para ponerme el pantalón. Salgo al pasillo. La gente está sumamente mareada. Una mujer muy mayor está descompuesta. No sabe qué hacer. Me hago cargo y la acompaño hasta el camarote del médico de a bordo. Golpeamos. Sale una enfermera. Preguntamos por el médico para que atienda a la señora que se siente mal y que ya no tiene qué más vomitar. La enfermera nos dice que el médico no nos podrá atender. ¡Está tirado en la camilla totalmente mareado! Todo aquello parece una película de los hermanos Marx. Por los parlantes del barco aconsejan a los pasajeros quedarse en sus camarotes. Los mareados son cada vez más. Una gorda pasa tambaleándose y gritando: «¡Por qué no me avisaron! Si hubiera sabido que me iba a pasar esto no habría venido». Después de moverse el barco toda la noche, a la mañana siguiente amanece con un sol radiante y el mar muy calmo. ¡Todo había pasado!

Después del juego de entretenimiento de esa tarde fuimos a cenar con el primer oficial y los componentes de la orquesta, dos andaluces de lo más simpáticos que viven en el barrio más andaluz de Andalucía, el barrio Coca de la Piñera, en Sevilla. Ese día estrenaba un smoking blanco impecable. Subo a cubierta a las 9 de la noche a ver las primeras luces de Río de Janeiro. Los que trabajamos en el barco tenemos asueto los siete días que dura el carnaval, y permiso para ir adonde queramos. A las 10 y media, mis amigos y yo estamos en tierra, caminando por Copacabana rumbo un night-club de nombre «Freddes», donde trabajaba el gran músico y compositor Oscar Castro Neves y el más importante cómico del Brasil, Grande Otello, famoso mundialmente por su actuación en el papel estelar de la película «Macunaíma». Todo suena a samba, bossa nova y otros ritmos impuestos por Tito Menescal, Elizette Cardozo, Jair Rodrigues, Eli Regina, Joao Gilberto, Vinicio de Moraes y otros tantos héroes de la música brasileña. Casi todo el mundo está disfrazado. Todo es bullicio y alegría. El night-club está atestado de gente que baila hasta arriba de las mesas. La mayoría de los turistas son estadounidenses. Después de la magistral actuación con que Grande Otello termina el espectáculo, vamos a caminar por la playa. ¡Viva el carnaval! ¡Viva Brasil!

En la calle, el espectáculo es muy colorido. Es increíble ver como los brasileños disfrutan bailando incansablemente horas tras horas esos ritmos tan contagiosos. Al pasar por la puerta de «Drinks», una de las boites más famosas del Brasil, vemos salir corriendo a un grupo de chicas y muchachos vestidos de romanos tras dos hombres que discuten acaloradamente. Los gritos atraen la atención de la gente que pasa por el lugar. Uno de los beligerantes abre la puerta de su automóvil, saca un revólver de abajo del asiento y hiere de cinco balazos al otro muchacho. Los gritos, los ¡cuerpo a tierra! y la confusión de los curiosos que pasan por ahí se mezclan con el ritmo de la batucada de las Scolas do Sambas mientras el herido bañado en sangre yace en el suelo, agonizante. Mis compañeros y yo no sabemos qué hacer. Al rato llega una ambulancia pero es demasiado tarde. El herido está muerto. Cuando nos alejamos del lugar, impresionados por el hecho que acabamos de presenciar, a escasos metros de allí se escuchan gritos pidiendo socorro. Una mujer ha sido apuñaleada por su marido. ¡Dios mío! ¡Pero qué es esto!, exclama uno de mis acompañantes. Un turista que está al lado nuestro nos dice resignadamente: «Todos estos hechos son una parte obligada del carnaval de Brasil. Yo vengo todos los años y esto que pasó hoy es cosa de todas las noches». Mis amigos y yo seguimos caminando por la playa hasta que aparecieron los primeros rayos del sol. Entonces decidimos ir a Plaza Mahuá, donde estaba anclado el «San Vicente», nuestro hogar flotante. Después de desayunar en silencio compramos el primer periódico de la mañana. En la primera plana se leía: «Entre peleas, suicidios, asesinatos y accidentes hubo más de 180 muertos, sin contar los heridos en grescas, por celos, venganzas, viejos rencores, robos, violaciones». Más abajo se leía, «Brasil, corazón do mundo, festejó con mucha alegría su primera noche de Carnaval». Mientras subíamos al barco, me acordé de aquella canción de Luis Bonfá, de la película «Orfeo Negro»:

Tristeza no ten fin
Felicidad sí.

Los juegos de azar

Una de las tantas maneras en que las familias son víctimas del deterioro económico son las que provocan los juegos de azar. Las deudas de todo tipo, las presiones de los usureros y la pérdida de los bienes materiales han sumido a familias enteras en la pobreza, angustia y desazón, llevando a las víctimas al robo y a veces hasta al asesinato y el suicidio.

Para que esta actividad prospere se necesitan dos elementos: el jugador y la casa de juego. El Estado, consciente que el juego es un gran negocio y que los únicos ganansiosos son los promotores, reglamenta, promueve, administra y en algunos casos concede a terceros derechos sobre las casas de juego.

Son muy pocos los países que no tienen uno o más casinos, aparte de los salones clandestinos donde miles de personas han perdido desde unos pocos dólares hasta fortunas incalculables buscando el desquite producido por la pérdida constante, cayendo en el abismo de la desesperación.

Hay varias clases de jugadores: está el cauteloso, que pone una ficha a un número y si viene, bien; si no, se va. Está el medido, el cabalero y hasta el desenfrenado que se juega inclusive lo que no tiene, hasta perderlo todo.

Se cuentan miles de historias y anécdotas de todas clases sobre jugadores. Hace algunos años, estando con mi amigo Pepe Parada en Las Vegas, después de ver el show de Frank Sinatra en el Hotel Sands fuimos a comer al restorán del *MGM Hotel* donde nos hospedábamos. Cuando salimos de cenar, cruzamos el salón principal donde estaban las máquinas tragamonedas y los otros juegos. Nos detuvimos a escuchar a un pianista que tocaba conocidas melodías complaciendo los pedidos de los allí presentes. Después enfilamos hacia uno de los ascensores y vimos pasar a cinco personas ataviadas de riguroso smoking y sendos turbantes en la cabeza. Cada uno llevaba en la mano una maleta de tamaño regular y todos eran acompañados por diez hombres de gran contextura física; sin duda, sus guardaespaldas. Le preguntamos al capitán del hotel (un uruguayo muy servicial) quiénes eran esos tipos que iban con maletas en las manos. El capitán del hotel nos dijo que eran cinco jeques árabes y que en las maletas llevaban varios millones de dólares para jugárselos. Pepe preguntó: «¿Y si los pierden?» El capitán, sonriendo, dijo: «¡Van a buscar más y vuelven! La semana pasada perdieron hasta los camellos!»

¡Y pensar que Pepe estaba preocupado porque al camarero que nos atendió en el restorán le habíamos dejado quince dólares de propina!

Síndrome del perdedor

A lo largo de mi vida he conocido a muchos jugadores empedernidos. Uno de ellos tenía la particularidad que cuando ganaba, simplemente decía: «¡Hoy me tocó ganar!» Pero cuando perdía, lo narraba con tanta emoción, con tanto lujo de detalles y placer morboso que se le podía notar la adrenalina y la misma sensación que produce el correr en automóvil a 200 kph, de noche, con los ojos vendados, las luces apagadas y en sentido contrario.

Si alguien quiere saber lo que siente una persona atrapada por el vicio del juego, no tiene más que leer el pequeño libro de Fedor Dostoiewski: «El jugador». En esta obra maestra, el escritor ruso condensa en pocas páginas los deseos, estímulos, sentimientos, pasión, vida y muerte de un hombre que, en una sola noche, pone de manifiesto sus deseos ilimitados de jugar. En el transcurso del relato, tiene un encuentro con una bella mujer que al notar su desesperación por las grandes sumas de dinero que pierde minuto a minuto se conduele de ver cómo el vicio del juego lo va llevando a la destrucción final.

Dostoiewski, con su reconocida maestría, describe cómo a partir del encuentro de los dos protagonistas nace en la mujer una atracción por el jugador que luego se transformará en ternura. Angustiada, intercede tratando de salvarlo de la ruina, pero su esfuerzo será en vano puesto que en él solo hay lugar para una pasión: el juego. En Argentina, por allá por los años cincuenta esta obra fue llevada al cine, siendo protagonizada en una magnífica actuación por Roberto Escalada y la actriz americana Fay Doberge, casada con el laureado director argentino Hugo Fregonese.

Otros de los ingredientes peligrosos que se agregan al vicio del juego son el tabaco y el alcohol. A lo largo de las horas, estas sustancias intoxicantes van afectando al jugador, lo que agregado a la falta de descanso, el nerviosismo y la ansiedad que provocan el estrés terminan poco a poco con su vida.

Este vicio ha llevado a la muerte a miles de personas. Hace muchísimos años, en los casinos de Europa, cuando alguien quedaba arruinado por causa del juego, le era facilitada una pistola con una bala. Este iba a los jardines y en la soledad de su desgracia ponía fin a su vida. Desde adentro

del casino se escuchaba la voz de Satanás gritando: «¡NO
VA MAS!»

Esta era la tercera vez que con Pepe Parada íbamos a ver
los salones de Las Vegas. Una tarde, debido a que faltaba
una hora para que comenzara el espectáculo, fuimos al *cof-
fee-shop* del hotel a hacer tiempo. De pronto, a un costado
del salón vi a un camarero cuya cara me resultaba familiar.
Pensando para mis adentros, me pregunté: ¿De dónde conozco yo a este tipo? ¿De mi barrio? No, de mi barrio no.
¿Será del club? ¿O tal vez del teatro? Al percatarse de mi presencia, el camarero se acercó, entablándose el siguiente diálogo:

Camarero: ¿Cómo está, Porcel...? ¿Se acuerda de mí?

Yo: Su cara me resulta familiar pero realmente no me
acuerdo.

Camarero: ¿Sabe quién soy?... ¿Recuerda que hace algunos años usted se hacía las camisas a medida en una sastrería
de la calle Maipú?

Yo: Sí que me acuerdo. Era una sastrería que tenía varias
sucursales.

Camarero: Exactamente. Yo era el dueño.

Yo: ¿Qué le pasó?

Camarero: Mi negocio iba viento en popa. Cada año
que pasaba nos iba mejor, hasta que un día decidí hacer un
viaje con mi esposa a Nueva York, Los Angeles y finalmente
aquí a Las Vegas. Yo en mi vida había jugado. Ni siquiera a
las escondidas. Pero una noche se me ocurrió jugar una ficha en la ruleta del casino del hotel donde nos hospedábamos. Y perdí. Seguí perdiendo y seguí perdiendo. Perdí
tanto que tuvimos que volver a Buenos Aires antes de la fe-

cha fijada para nuestro regreso. A la semana tomé el avión y volví a Las Vegas. Iba por el desquite. Y perdí, perdí, y seguí perdiendo. ¿Se la hago corta? Fui y volví varias veces durante el año hasta que perdí todo.

Yo: ¿Todo?

Camarero: ¡Todo! Y aquí me ve. De empresario a camarero... Bueno, tengo que seguir con mi trabajo. Chao Porcel. No quiero molestarlo más con mis problemas. Que le vaya bien.

Adicción a la honradez + al trabajo + al esfuerzo = éxito

Estábamos con mi amigo Pepe Parada en Nueva York para arreglar los detalles finales de mi gira por los Estados Unidos. Esa noche nos teníamos que encontrar con el empresario y con mi amigo el doctor Alberto Cormillot, a quien había llevado unos libros por encargo de su secretaria. Primero fuimos a un restorán en la Pequeña Italia, un barrio neoyorkino donde cinco manzanas a la redonda están llenas de restoranes, uno al lado del otro. Tomamos por Murberrys, la calle principal donde a cada paso sentíamos un aroma a *pasta shutta con salsa al popodoro anque pizzaiola* y otras sustancias alimenticias que casi me vuelven loco. Eran tantos los restoranes que no sabíamos a cuál entrar. Mezcladas con el olor a comida se escuchaban alguna que otra *canzoneta* napolitana. Al final, elegimos uno al azar. Fue una cena inolvidable. Después de pagar la cuenta tuvimos que hacer un esfuerzo para levantarnos de nuestros asientos. Al salir a la calle nos encontramos con una llovizna persistente.

En el pavimento mojado se reflejaban los carteles y luces de colores que habían sido puestos como ornamento debido a que se festejaba el día de San Genaro, santo patrono de los napolitanos. El empresario nos invitó a tomar una copa a un club nocturno donde había un show espectacular. Aceptamos. Al terminar la primera parte del espectáculo, el camarero se acercó a nuestra mesa con una botella de champaña. Le dijimos que debía haber una equivocación pues nosotros no habíamos pedido nada. El camarero, sin decir palabra, me entregó una tarjeta que venía con la botella, en la cual decía: «Querido Gordo: Soy un argentino más que desde hace muchos años te admira. Te pido que aceptes esta botella de champán como gratitud por los buenos momentos que me hiciste pasar. Un abrazo, el lavacopas». Nosotros, extrañados, preguntamos al camarero dónde podíamos ver al lavacopas. Y este nos señaló el fondo del salón. A través de una puerta entreabierta y en la semi penumbra, se veía la figura de un muchacho joven que nos saludaba agitando una servilleta. Fuimos a su encuentro para agradecerle el gesto, estableciéndose el siguiente diálogo:

Lavacopas: ¡Gordo, dame un abrazo! Perdoná la facha, pero estoy trabajando. ¿Todavía sos hincha de Racing?

Pepe Parada: ¡Por favor, no nos amargués la noche!

Yo: Te agradecemos mucho la invitación, pero no la podemos aceptar. No es justo que te gastés en una botella de champaña lo que con tanto sacrificio te cuesta ganar.

Lavacopas: ¡No, por favor! Acéptenla, total aquí me hacen descuento. Por ahí convenzo al *manager* y no me la cobra.

Yo: Está bien. La aceptamos... ¿Cuánto tiempo hace que vivís en los Estados Unidos?

Lavacopas: Cinco años. Cinco años que trabajo 15 horas por día. De aquí me voy a la fábrica donde trabajo hasta el otro día. Cuando salgo, como algo por la calle y me voy a dormir cuatro o cinco horas y después de nuevo al night-club.

Yo: ¿Y dónde vivís?

Lavacopas: En Union City, arriba de un garage. El dueño me presta un cuartito que no tiene ni puerta ni ventana. ¿Sabés lo que hago en invierno para no congelarme? Duermo vestido y me tapo con doble cobija y una loneta... Ustedes pensarán que estoy loco, ¿no? Pero estoy haciendo este sacrificio ahorrando peso sobre peso para algún día tener mi propio restorán... Bueno muchachos... los dejo porque tengo que seguir trabajando.

Lo saludamos afectuosamente, admirados por el coraje y el tesón de este muchacho que como tantos vinieron a este país buscando hacer realidad el sueño americano.

Pasaron tres años. Otra vez estaba en Nueva York, pero además de Pepe Parada, ahora me acompañaba «Mochín» Marafioti, mi amigo y productor del disco que estaba grabando en los estudios de la Columbia Broadcasting Systems, CBS. Esa noche, al terminar de grabar uno de los temas, el ingeniero musical Don Puluse nos invitó a jugar al billar en el cuarto piso de los estudios de la Columbia. Cuando llegamos a la sala de juegos, encontramos que el billar lo ocupaban dos personas que estaban jugando. Una de ellas, al reconocer a Don Puluse, nos invitó a compartir la mesa. Después de las presentaciones, comenzamos a jugar. «Mochín» Marafioti se me acercó y me dijo al oído:

Marafioti: ¿Vos sabés quiénes son estos dos tipos?

Yo: No. ¿Quiénes son?

Marafioti: Al Caiola y Tony Mottola.

Yo: ¿Los guitarristas de jazz? ¡No te creo!

Marafioti (dirigiéndose a Don Puluse): Don, dígale a Porcel quiénes son estas dos personas que están jugando con nosotros.

Don Puluse: Al Caiola y Tony Mottola.

Yo: ¡GLUP!

Después de jugar una hora y media con dos de los guitarristas de jazz más famosos, salimos a caminar por el Soho, barrio muy pintoresco de Manhattan. En la vereda de una esquina nos sentamos a tomar un café. De pronto, siento a lo lejos una voz que me grita:

La voz: ¡Gordo!

Doy media vuelta y veo en la acera de enfrente a un muchacho que me saluda con la mano y que me grita:

Muchacho: ¡Soy yo, Gordo!

Después que pasó el tránsito que se había acumulado por la luz roja del semáforo, el muchacho cruzó corriendo la calle, se abalanzó sobre mí y abrazándome, me dijo:

Muchacho: ¿No te acordás? ¡Soy el lavacopas que te mandó la botella de champán!

Estaba totalmente irreconocible. Con bigotes, peinado y vestido correctamente. El cambio había sido total. Le pregunté cómo le había ido estos años y qué había sido de su vida. Emocionado, me tomó del brazo y señalando con el dedo, me dijo: «¿Ves ese pequeño restorán que está enfrente? ¡Es mío!»

Me contó que no solo había podido comprar el restorán que tanto había soñado, sino que además había traído a su madre y a su hermana.

Una vida sana

No hay duda que una vida física y espiritualmente sana hace que las personas nazcan, crezcan, se desarrollen y vivan en un clima de alegría y felicidad. La corrección en todos los terrenos es el comienzo de una sucesión de éxitos hasta el triunfo final. Está comprobado que aquel que transgrede las leyes de Dios rompe los cimientos donde se apoya la armonía con la cual fue creado. Aunque todos estamos expuestos a los ataques de Satanás, aquel que ignore o desobedezca la Palabra de Dios será blanco fácil de los embates del maligno.

Juventud, divino tesoro

Algunos de los platos predilectos de Satanás son los jóvenes. Por eso estos tienen que estar alertas y bien parados, agudizando la inteligencia y el sentido común que da Dios para resistir los ataques. Está muy de moda entre los jóvenes demostrar temeridad y valentía aceptando desafíos peligrosos y comprometiendo sus propias vidas. Por ejemplo, algunos deportes, si no se conocen y se aplican las técnicas correspondientes, pueden llegar a ser una seria amenaza para el que los practica. El entrenamiento constante, dirigido por un entrenador competente con la máxima experiencia hará que los jóvenes deportistas sepan sortear los obstáculos en los momentos más difíciles, lo cual sin embargo no implica garantía alguna.

Los muchachos se fatigan y se cansan; los jóvenes flaquean y caen; pero los que esperan a Jehová tendrán nuevas fuerzas; levantarán alas como las águilas; correrán y no se cansarán; caminarán, y no se fatigarán (Isaías 40.30).

A medida que el mundo contemporáneo avanzaba, fueron apareciendo deportes cada vez más peligrosos. De estos, uno de los más populares es las carreras de automóviles de Fórmula Uno, donde el vértigo y la velocidad al más mínimo descuido producen accidentes con resultados fatales. La lista de víctimas es interminable. Los que más recuerdo son los campeones de la década de los 50: Farina, Villoresi, el príncipe Bihra, Alberto Ascari hasta el varias veces campeón mundial, el brasileño Airton Senna. Yo me pregunto: «¿Se puede cambiar la vida de un hombre joven por 20 ó 30 trofeos de metal? ¿Cómo explicarles a los hijos de los malogrados volantes que por una falla mecánica no verán más a su padre? ¿Qué impulso lleva a los volantes a elegir esta clase de profesión como medio de vida? ¿Y a los que practican el alpinismo, escalando montañas de hasta 8 mil metros de altura a merced de bajas temperaturas, con peligro de congelamiento de pies y manos, a veces al riesgo de tener que amputar algunos de sus miembros, o quedar sepultados para siempre bajo un alud de nieve?

Hace unos diez días, el noticiero de mi país mostraba a una joven simpática y diminuta mujer que tras varios trofeos internacionales ganados a punta de esfuerzo y coraje, trataba esta vez de escalar el Aconcagua, el monte más alto de América, y clavar en su cima la bandera de México, su país natal.

Ayer, a las 7 de la mañana encontraron el cadáver congelado de esta valiente muchacha.

¿Y qué pensar de los que eligen como medio de vida

limpiar los vidrios de las ventanas de los rascacielos, o ser pilotos de prueba? El otro día vi un documental que mostraba que para poner a punto la seguridad y eficiencia de un avión de combate en el lapso de dos años habían muerto 30 pilotos de prueba cuyas edades oscilaban entre los 25 y los 35 años. ¿Qué los impulsará a desafiar de esa manera el peligro? ¿No será la última trampa usada por Satanás: la exacerbación de la adrenalina?

Ser cristiano, ¿es una garantía?

Rotundamente, no. Si usted piensa que por el solo hecho de haberse convertido al cristianismo se acabaron sus problemas, está totalmente equivocado. En la Biblia están claramente explícitas las maneras para discernir, prevenir y resistir los ataques del maligno usando las armas que Dios nos provee para salir airosos de la confrontación.

La artritis tiene como aliado, primero al sobrepeso y luego a la humedad. Con el solo hecho de estar de pie o caminar, empieza el dolor de las articulaciones. Esta reflexión me recuerda que mi voluntad siempre pierde por knock-out en el primer round ante una pizza de mozarella con peperoni, un plato de fetuccini al uso nostro o una brusqueta. (Para los que no saben qué es una brusqueta, busquen papel y lápiz y anoten: Se pican en trocitos dientes de ajo, cebolla, ají y tomate. Se aderaza todo con aceite de oliva. Luego se pone sobre una rodaja de pan casero previamente tostada y se le rocia sal y pimienta.) Mientras saboreo mi último bocado de brusqueta veo cómo se llevan en camilla a mi maltrecha y vapuleada voluntad.

El dolor de mis piernas es cada vez más fuerte. Al comentárselo por teléfono a un amigo, este me recomienda a un acupunturista chino que tiene fama de obtener muy buenos resultados con su técnica y experiencia en el manejo de las agujas. Como el dolor no mengua, pido una cita con el médico. Al día siguiente, a las diez de la mañana, cuando entraba con mi automóvil al edificio donde me esperaba el acupunturista, el encargado de cuidar los coches estacionados en el subsuelo se me acercó para entregarme el correspondiente tiquet. Al reconocerme, lanzó un grito al mismo tiempo que me hablaba de su admiración y afecto por mí. Este simpático joven era dueño de una verborragia llena de matices graciosos. Sin duda, estábamos frente a un personaje de lo más pintoresco. Todos lo conocían por el nombre Carlitos. En el momento en que abría la puerta de mi automóvil para ayudarme a bajar y a sentarme en el sillón de ruedas, comenzó a contarme los distintos pasajes de cada una de mis películas que había visto. Todos los que llegaban o se iban del estacionamiento lo saludaban de manera muy afectuosa. A ojos vistas era una persona muy querida.

El mismo me llevó al consultorio del médico. Entramos en la sala de espera, donde la recepcionista me tomó los datos personales. Cuando llegó el doctor, me hizo pasar. Habría estado una hora con 20 ó 30 agujas clavadas por todo el cuerpo. Cuando salí de la consulta y fui a buscar mi auto, estaba Carlitos contándoles a varias empleadas del edificio chiste tras chiste. Entre risas y carcajadas, me ayudó a subir al auto, despidiéndose con su simpatía que le era habitual.

Así pasaron muchos días, repitiéndose la misma escena: Carlitos haciendo bromas. Carlitos contando cuentos. Carlitos riéndose a carcajadas. Siempre estaba de buen humor.

Nunca lo vi enojado. Todo el mundo lo quería, desde el último empleado de limpieza hasta el ejecutivo más encumbrado. Una tarde en que había ido al consultorio del doctor, vi una Biblia encima de su mesa de trabajo. Le pregunté de quién era. «Mía», me contestó, al tiempo que me contaba que era creyente y que se congregaba en una iglesia bautista americana pero que estaba buscando una iglesia que le quedara más cerca de su domicilio. Lo invité a concurrir al templo donde yo me congrego. Al enterarse que yo también era cristiano, me dio un abrazo que me emocionó. Después me contó que era casado y divorciado y que a pesar de que todo el mundo lo sabía alegre y divertido, se sentía muy solo y que tenía la esperanza de encontrar en algún grupo de adultos cristianos a una muchacha que quisiera formar un hogar con él como Dios manda. Pasaron varios meses. Yo había dejado de ir al médico pues me sentía mucho mejor, al punto que el dolor había desaparecido casi por completo.

Un domingo lo encuentro impecablemente vestido y con su Biblia en la mano entrando en el culto de la una de la tarde. Nos saludamos y me agradeció la invitación a congregarse en mi iglesia, pues por fin estaba de novio con una chica cristiana que había conocido en el grupo de jóvenes. Casi todos los domingos nos veíamos en la puerta del templo, hasta que un día dejé de verlo. A los cuatro o cinco meses, un señor me paró a la salida del culto. Un tanto apesadumbrado me preguntó si me acordaba de Carlitos, el encargado del parqueo en el edificio donde me había atendido con el acupunturista. Le dije que sí, que lo recordaba perfectamente y que me extrañaba no haberlo vuelto a ver en la iglesia. El hombre, después de una pausa, comenzó a contarme que Carlitos había empezado a robar, pistola en mano, pero con una modalidad distinta: sus víctimas eran otros ladrones. Cuando se enteraba que había un lugar donde se hacía acopio del botín mal habido, él y otro secuaz tomaban por sorpresa a los delincuentes apoderándose de todo el dinero producto de lo robado por estos. Hasta que en uno de esos operativos que él comandaba, se desató un tiroteo, cayendo mortalmente herido con cuatro impactos de bala. Carlitos nunca llegó a formar un hogar como Dios manda.

Cómo se crea un monstruo

Desde muy niño, Charles Manson recibió como única respuesta a las travesuras propias de su edad el castigo corporal. Hiciere lo que hiciere, lo castigaban una y otra vez. Y lo seguían castigando. Este niño, que no había conocido a su padre, vivió con su madre los primeros años de su vida, sin tener la certeza de si él era o no realmente su hijo.

Nunca tenían domicilio fijo sino que ambulaban permanentemente cambiando su habitat de hotelucho en hotelucho.

A este chico le sucedía todo lo contrario que a los demás niños. En vez de tener las pesadillas cuando dormía, las tenía cuando estaba despierto. A su corta edad había sido testigos de escenas aberrantes protagonizadas por su madre y sus eventuales y ocasionales amigos. No había cumplido los 13 años cuando huyó de la tutela de sus progenitora, ex convicta por robo a mano armada. Al poco tiempo fue detenido por asalto y enviado a un reformatorio del cual unos pocos días después huyó en un auto robado.

Pasó más de la mitad de su vida en varias cárceles por

distintos delitos. Así llegó a los 35 años. Hasta ese momento había sido convicto por robos a mano armada, portación de armas, violaciones y una seguidilla de asesinatos. En sucesivos tets síquicos había demostrado su desprecio por la vida humana debido a la influencia que Satanás ejercía sobre él.

Poco a poco fue formando una especie de familia con personas de ambos sexos que lo seguían y obedecían ciegamente. Las drogas, el robo, la promiscuidad sexual y una pasión por los hechos de sangre era lo que motivaba a este conjunto de personas reclutadas en lo más bajo. Para conseguir el control, la admiración y el fanatismo de los que lo seguían, Manson se apoyaba en toda clase de argumentos, pasando por el misticismo, las drogas, el *rock* y, en algunos casos, hasta por la Biblia. En su mente enfermiza había germinado la idea absurda de conectarse espiritualmente con personajes nefastos como Adolfo Hitler para controlar la voluntad de los que formaban su clan.

Fue condenado a muerte y por una ley que en 1972 la Corte Suprema de California abolió, su sentencia fue cambiada a la de prisión de por vida. El detonante que hizo que Manson fuera detenido y luego condenado fue una serie de delitos, finalizando con la muerte de la actriz Sharon Tate y sus amigos Abigail Folger, Voytek Frykowski y Jay Sebring; además de Leno y Rosemary LaBianca y del joven Steven Earl Parent, todos ellos víctimas de este endemoniado personaje guiado por el solo placer de matar.

Algunos analistas y periodistas de distintas disciplinas que estudian el comportamiento humano culparon directamente del asesinato de Sharon Tate y sus amigos al esposo de esta, el director de cine Roman Polanski. Lo acusaron de jugar y regodearse con personajes y símbolos mefistofélicos, a muchos de los cuales llevó al cine en películas como *El bebé de Rosemary* y sin pensar que con ello dejaba abierta la puerta a huestes demoníacas exponiendo a toda su familia al peligro inminente que terminó con sus vidas en una orgía de sangre.

Pasiones peligrosas

Hace 50 años, casi no se conocían las palabras droga, delincuencia juvenil y mucho menos se veía en las páginas de los periódicos aberrantes asesinatos, robos y violaciones como los que hoy azotan diariamente a la humanidad. A pesar que siempre hubo crímenes, robos y otros delitos, que yo recuerde nunca se había visto un hecho de la magnitud del que les voy a contar.

Una de las noticias que conmocionó a todo el país fue cuando en la página policial de los periódicos aparecía fotografiado el torso mutilado de una mujer que había sido descuartizada. Este macabro hallazgo fue descubierto por unos niños que jugaban en un terreno baldío en el cordón suburbano de la capital federal. En los días subsiguientes fueron apareciendo diseminadas en varios lugares de la ciudad las diferentes partes que componían el cuerpo de la víctima.

Por espacio de varias semanas, esta noticia ocupó los primeros planos de todos los periódicos y revistas. La falta de los dedos de la mano de la desdichada mujer hacía más difícil su identificación. Cuando ya parecía que todo quedaría en el olvido, los médicos forenses descubrieron, gracias a una cicatriz de operación en el torso, el paradero del cirujano que la había practicado. Al saberse la identidad de la víctima comenzaron otra vez las investigaciones, pudiéndose saber que se trataba de una mujer que hacía varios años ejercía la prostitución. Con esos datos fueron averiguando los nombres de quienes habían tenido relaciones con ella, llegándose a descubrir que un joven llamado Eduardo aparecía en una libreta hallada en el departamento de la víctima marcado como especial. Apremiado por diversas contradicciones hechas en exhaustivos interrogatorios, confesó ser el autor del crimen. ¿Qué había pasado? A medida que iba solicitando los servicios de la víctima, Eduardo se fue enamorando de ella. Su diminuta figura, su gran timidez más su complejo de inferioridad hacían que no se animara a confesarle su amor; pero una noche, armándose de valor, se atrevió a decirle que la amaba, pidiéndole que dejara la vida que llevaba y se casara con él. Al oír tal proposición, la mujer lanzó una carcajada pensando que era una broma, pero Eduardo le explicó que hablaba en serio, reiterándole su amor. La mujer comenzó a burlarse, invitándolo a que se viera en el espejo, argumentando que necesitaba un hombre de verdad y no un alfeñique como él. Esa noche, Eduardo, lleno de rabia y dolor, no pudo dormir mientras las burlas de la mujer retumbaban en sus oídos. Sin darse por vencido, otra vez le ofreció matrimonio y otra vez la mujer se le rió en la cara. Hasta que un día la encontró en la calle acompañada por un hombre, presentándoselo como su novio. Esto hizo que esa noche, Eduardo llegara a la soledad de su apartamento agregando a su rabia y dolor los celos que después desembocarían en una tragedia que él preparó minuciosamente. Días después, la muchacha fue al departamento de Eduardo a decirle que no lo vería más pues se iba a casar. No se imaginaba lo que Satanás les había preparado: a ella la muerte, y a él, 25 años de cárcel.

Guarda, hijo mío, el mandamiento de tu padre, y no de-
jes la enseñanza de tu madre; para que te guardes de la
mala mujer. De la blandura de la lengua de la mujer ex-
traña. No codicies su hermosura en tu corazón, ni ella te
prenda con sus ojos; porque a causa de la mujer ramera el
hombre es reducido a un bocado de pan; y la mujer caza
la preciosa alma del varón (Proverbios 6.2, 24-26).

II

LA BOCA: FUENTE DE VIDA O DE MUERTE

Cuidado con lo que dices, no sea que estés decretando tu propia muerte.

Una tarde en que salía de Radio El Mundo me encontré con mi amigo Oscar Arca. Hacía mucho tiempo que no nos veíamos. Me pidió que lo acompañara hasta su oficina a dos cuadras de allí. Era una compañía de turismo internacional y venta de pasajes de nombre «Lucania» que pertenecía a Thomas Richardson, conocido como hombre fuerte y exitoso en el mundo del negocio turístico. En seguida que entramos, Oscar me presentó a uno de los gerentes de la compañía, de nacionalidad paraguaya de apellido Benitez. Después, fuimos a su oficina a tomarnos un café. Allí estábamos cuando entró un hombre regordete de unos 50 años, rubio y una sonrisa permanente, vestido a la inglesa, con chaleco y corbata plateada. Traía un vaso con whisky en la mano izquierda, y un cigarrillo en la mano derecha. Nos saludó muy efusivamente. Era Thomas Richardson, un tipo bonachón que desbordaba optimismo por todos lados. Junto con él estaba, un poco más atrás, su lugarteniente, un joven de unos 28 años, elegantemente vestido, muy pulcro y de finos modales. Con el tiempo nos hicimos grandes amigos. Su nombre era Roberto Caballero, hijo de Nelly Caballero de Caballero, la más grande experta en turismo al Oriente.

No pasó una semana cuando volví a visitar a mi amigo Oscar quien estaba en su oficina con Roberto. Apenas me vio, este le preguntó a Oscar:

Roberto: ¿Querrá aceptar? A vos, ¿qué te parece?

Oscar: No sé, sería cuestión de preguntarle.

Roberto le dice a Oscar:

Roberto: ¡Aprovechemos que está con nosotros!

Otra vez a Oscar:

Roberto: ¿Pero vos crees que aceptará?

Yo: Perdón. ¿De quién están hablando?

Oscar: ¡De vos! Entraste justo cuando hablábamos de vos... Explicale, Roberto.

Roberto: Resulta que la Agencia de Viajes «Lucania» hace un tiempo que está buscando un director de relaciones públicas y después de hacer nombres y nombres caímos en la cuenta que el hombre indicado sos vos.

Yo: ¿Yo? ¡Ustedes están locos! Si yo no entiendo nada sobre venta de pasajes.

Oscar: La verdad es que no hay que saber mucho. Te elegimos a vos porque sos un tipo muy conocido; además, eso de vender pasajes dejalo por nuestra cuenta.

Yo: Pero en sí, ¿qué tengo que hacer?

Oscar: Poner la cara.

Roberto: ¡Eso! ¡Poner la cara!

Yo: ¿Nada más?

Oscar: ¡Nada más!

Yo: ¿Cómo nada más? Algo tendré que hacer.

Oscar: Sonreír. Recibir con una sonrisa a los clientes y empresarios que visiten la compañía.

Yo: ¿Hay que levantarse muy temprano para venir acá? Porque tengo entendido que ustedes abren a las nueve de la madrugada.

Roberto: No. No es necesario que vengas tan temprano. Con que estés aquí a la hora de almorzar es suficiente.

Yo: ¿Ustedes acostumbran a comer todos los días en restoranes?

Oscar: Sí, todos los días.

Yo: ¿Y quién paga?

Roberto: La compañía.

Yo: Acuérdense de lo que acaban de decir para que después no me vengan con que hoy te toca pagar a vos, o que nos olvidamos la billetera.

Roberto: Quedate tranquilo. Además, el trabajo más difícil que vas a tener es ir con nosotros a cocteles y banquetes que nos invitan las demás compañías... Casualmente hoy a las 7 de la noche tenemos una jamonada en Iberia con un vinito blanco que es una locura. Mañana tenemos una cena en el Alvear y pasado otra en el Plaza Hotel.

Oscar: ¿Aceptas, sí o no?

Demás está decir que acepté. Los días transcurrían uno igual al otro: Almorzar juntos hasta las 3 de la tarde; volver a la oficina, prepararnos para ir a las 7 a los cocteles de rigor. Había días en que teníamos hasta dos cocteles. Decir que nos divertíamos sería decir poco. Nos reíamos como locos. Oscar y Roberto tenían un sentido del humor increíble.

Una tarde en que veníamos de almorzar, me llamó Thomas Richardson para que fuera a su despacho. Ahí estaba esperándome para presentarme a Nelly Caballero de Caballero, la madre de Roberto, una distinguida dama.

Una de las tantas veces que vino la mamá de Roberto a

visitarnos, al no encontrarlo, se quedó charlando conmigo. Le comenté que debería sentirse orgullosa de su hijo pues era todo un caballero, como su apellido. Me contestó que lo estaba, pero que últimamente se sentía muy preocupada porque Roberto le había dicho reiteradamente que tenía el pálpito que moriría igual que su padre. Este había muerto en un accidente automovilístico un 19 de diciembre, a las 3 de la tarde, a la edad de 32 años.

Mi paso por la agencia fue muy fugaz. El teatro, la televisión y las actuaciones personales me impidieron seguir al frente de la oficina de relaciones públicas de la agencia de viajes. Recién llegado de Caracas, estando en Mar del Plata almorzando en el restorán «Los Peltres» vi a una persona que me saludaba con la mano. Se levantó y vino hacia mi mesa. Era la mamá de Roberto. Con lágrimas en los ojos, me dijo: «Robertito murió de la misma forma, el mismo día, a la misma hora y en el mismo lugar que su padre».

El que guarda su boca y su lengua, su alma guarda de angustias (Proverbios 21.23).

¡Pobre Pete!

Ese día, según él, Pete se había levantado con el pie izquierdo. Estaban por echarlo del departamento después de haberse peleado con el dueño. Este notable cómico y monologista argentino conocido como Pete Martin era un ser muy especial. Tenía amigos por todas partes. Por donde iba, la gente lo saludaba con cariño. Trabajó muchos años conmigo. La noche que nos hicimos amigos, yo trabajaba en el Parque Retiro haciendo el show de medianoche. El Parque Retiro era un predio de diversiones con todos los juegos que tiene un parque: fakires, magos, la mujer sin cabeza, juegos mecánicos, payasos, etc. Pero había un espectáculo que era el predilecto de chicos y grandes. Era el globo de la muerte. Se trataba de un globo de 7 metros de diámetro hecho con varillas de acero dentro del cual dos motociclistas se cruzaban a toda velocidad jugándose la vida segundo a segundo. Eso era lo que se escuchaba por los parlantes. El locutor atraía al público con el énfasis que ponía a sus palabras dichas con un marcado acento alemán. Era el director de la prueba. Se anunciaba como el Capitán Berger y los motociclistas suicidas eran Fritz y Walter Schuller, campeones mundiales de motociclismo nacidos en Berlín. El Capitán Berger hacía bien su trabajo para disponer al público a que comprara tiquetes para ver el espectáculo. Su verborragia era tan fluida y convincente que yo tampoco pude resistir la tentación de ir a ver de lo que se trataba. La cola para sacar entradas era larguísima y los curiosos se apostaban frente al palco donde estaba el locutor. Entre las cabezas de la gente que estaba delante mío se divisaba un par de botas esmeradamente lustradas. El locutor estaba vestido como un oficial de la Gestapo pero sin las cruces svásticas. En mi recorrido visual por su humanidad llegué a la cabeza. Y cuál no sería mi sorpresa cuando vi que el locutor con acento alemán era medio mulato, con el cabello encrespado. Me fui adelantando hasta que llegué casi a su lado. El hombre estaba convencido que daba el aspecto de un alemán, pero a mí no me engañaba. La música que se oía por los parlantes era una marcha alemana perfectamente elegida para darle el marco adecuado a este locutor que se hacía llamar

Capitán Berger, jefe de la Real Fuerza Motorizada del Canadá. Cuando escuché este disparate, me agarró un ataque de risa y luego le grité: «¡Bajate de ahí, atorrante! Vos no sos alemán». El Capitán Berger no sabía de adonde venía la voz. Visiblemente nervioso, buscó entre la multitud hasta que me vio, reconociéndome en el momento que yo le gritaba de nuevo: «¡Vos no sos alemán, farsante! ¡Sos un turco atorrante, eso es lo que sos!» El verse descubierto le causó tanta gracia que casi no pudo seguir. Los dos nos reíamos a mandíbula batiente mientras la gente que nos rodeaba no entendía nada de lo que pasaba. Al bajar del escenario después de mi actuación, el Capitán Berger me estaba esperando.

Su nombre artístico era Pete Martin pero su nombre verdadero era Raúl Abdala, argentino de origen sirio-libanés.

Esa noche, Pete Martin y yo nos hicimos grandes amigos. Tendría para contarles mil anécdotas de este personaje tan querido para quienes lo conocimos a fondo. Gracioso por naturaleza, buen imitador, buen monologista, hombre de la noche porteña, Pete no tenía mayores ambiciones. Vivía al día. Siempre le faltaban 10 centavos para el peso pero nunca pedía prestado. Se las arreglaba como podía. Fumador empedernido, era uno de los más populares vampiros que caminaban la noche de la calle Corrientes. Cuando no trabajaba, recorría con mi amigo Pepe Parada todos los teatros del centro de la ciudad de Buenos Aires, trayéndome al camerino las últimas noticias y chismes del ambiente.

Esos días en que él se levantaba con el pie izquierdo eran muy frecuentes. Como todo ciclotímico, pasaba de la alegría a la tristeza con gran facilidad. Después de reírse como un loco, caía en un estado depresivo tal que lo llevaba a fu-

mar un cigarrillo tras otro. Comía muy poco. Cuando caía
en ese estado de melancolía depresiva decía que estaba emparentado con la mala suerte. En parte tenía razón pues a
pesar de ser un buen profesional muy pocas veces durante el
año lo contrataban para trabajar. A menudo se le escuchaba
decir: «El día que llueva sopa, yo voy a estar con un tenedor
en la mano». O, «Si pusiese una fábrica de sombreros, los niños nacerían sin cabeza». Su vida era una tragicomedia. Una
noche, después de visitarme en el teatro donde yo estaba
trabajando, se fue, diciendo: «¡Mejor me voy, porque hoy
todo me sale mal!» Se fue caminando por las calles de Buenos Aires como solía hacerlo habitualmente cuando se sentía triste. Al doblar una esquina, tropezó con un hombre
tirado en la vereda. Estaba bañado en sangre. Segundos antes había sido apuñaleado por otro que se había dado a la
fuga, dejando el arma junto al herido. Pete Martin había alcanzado a ver al hombre cuando huía en la oscuridad. En
ese momento llegó al lugar un carro patrullero. Los dos policías que bajaron del vehículo, al ver al hombre allí tendido,
le preguntaron quién lo había atacado. El herido, antes de
desmayarse, alcanzó a señalar a Pete Martin, quien, desesperado, empezó a gritar: «¡Yo no fui! ¡Yo no fui!» Llegó una
ambulancia y se llevó al moribundo al hospital más cercano,
mientras los policías procedían a detener y a esposar a Pete
Martin, que, angustiado, seguía gritando: «¡Yo no fui! ¡Yo
no fui!»

   Igual lo encarcelaron e incomunicaron con el cargo de
tentativa de homicidio. El herido, mientras tanto, se debatía
entre la vida y la muerte. Si moría, Pete Martin pasaría 20
años en la cárcel. Al octavo día, el herido recobró el conocimiento y al poco tiempo los médicos lo dieron de alta. Fue

llevado inmediatamente a la cárcel para que reconociera a su supuesto agresor. Cuando los pusieron frente a frente, dijo: «Este no fue. Fue otro». Pete Martin casi se desmaya. Al preguntarle por qué entonces lo había señalado a él, dijo que lo había señalado porque su intención había sido decir que él había visto al agresor. Pete Martin recobró la libertad. ¡Esa noche volvió a ser el Capitán Berger!

Es increíble cómo, día a día, miles de personas decretan con la palabra lo que les va a suceder. Como Marilú, una vecina de mi casa que a pesar de ser una chica bonita decía permanentemente: «¡Yo no me voy a casar! ¡Nadie se va a fijar en mí!» Lo decía tantas veces, lo repetía y lo repetía que terminó quedándose soltera para toda la vida. Fue ella la que determinó con sus palabras su soltería para siempre.

Días antes de operar a sus pacientes un cirujano muy conocido les preguntaba cómo estaban de ánimo para la operación. A los que dudaban o tenían temor de morir en el quirófano no los operaba. Su criterio era que un porcentaje importante de los que temen morir, se mueren, no por mala praxis sino por su pésima disposición anímica. El estado de temor y el pesimismo producen en la persona un síndrome de fracaso tal que, sin darse cuenta, están complicando el trabajo del cirujano, comprometiendo incluso el éxito final.

Ha pasado un tiempo. Enciendo el televisor. El locutor aparece diciendo: «Noticia de último momento. En Venezuela, el Estado Vargas ha sido arrasado por las aguas de los ríos que se han desbordado rápidamente por las lluvias constantes. Se cree que el desastre es el peor de los sufridos por este país en toda su historia. A medida que van pasando las horas, la tierra de Bolívar es castigada cada vez más por la inclemencia del tiempo. Las imágenes tomadas por los camarógrafos muestran escenas de gran dolor. Los que más sufren el embate de las aguas son los pobres que viven al pie de los cerros. El aluvión los ha tomado por sorpresa, provocando un alud de agua y lodo de tal magnitud que muy pocos logran escapar, quedando sepultadas familias enteras. Se teme que los muertos por el desastre superen la cifra de 50 mil. Pero los venezolanos no se quedan quietos; en seguida reaccionan solidariamente para ir en ayuda de sus hermanos. El locutor dice que se necesitan medicinas, especialmente antibióticos, alimentos no perecederos, agua potable, cobijas y muchas cosas más que no alcanzan a mitigar en los venezolanos la desesperación de ver sus viviendas destruidas o a sus familiares muertos o desaparecidos.

¿Será este el último desastre del milenio?

Vida, pasión y muerte del señor Cuinto

El señor Cuinto, cuya vida era muy tranquila, tenía una gran pasión: las bromas pesadas. Vivía burlándose de la muerte hasta que un día, la muerte se burló de él.

Era muy serio, inteligente y circunspecto. Un estratega de las bromas elaboradas por su natural ingenio. Jubilado desde muy joven, como a todo retirado le sobraba el tiempo. Las horas se las pasaba metido en una cafetería que estaba en la esquina de su casa. Este lugar era el preferido de Cuinto pues allí se reunían toda clase de personajes: políticos, vecinos, mentirosos, eximios jugadores de dados, discutidores profesionales, borrachos y algún que otro ladrón de gallinas.

Tampoco faltaban los expertos en el juego de pool, snooker y tres bandas, pues el café-bar contaba con dos mesas de billar de la famosa marca Brunswick.

Apenas uno entraba, se daba cuenta que estaba en otro mundo. Los gritos y discusiones sobre fútbol y política, los narradores de historias olvidadas, el ruido de las carambolas, los dados sobre las mesas de mármol y el sonido de las tazas de café se oían durante las 24 horas que la cafetería estaba abierta.

El propietario era un italiano medio bizco y tartamudo llamado por su cuello largo y delgado con el gracioso nombre de «Piscuezo».

Este señor apodado «Piscuezo» era el personaje central de la cafetería. Simultáneamente preparaba los cafés en la máquina, elaboraba sándwichs, manejaba la caja registradora y se las arreglaba para atender una que otra mesa. Tenía dos camareros de nacionalidad japonesa que eran el blanco de las bromas de los parroquianos. Uno se llamaba Fucuso Uehara y el otro, Alberto Kamiya. Estos hijos del sol naciente trabajaban dieciséis horas por día. Eran serios y difícilmente se les podía arrancar una sonrisa, pero trabajando eran dos leones. Un día, Cuinto, con gran preocupación le comentó a uno de ellos que no sabía por qué causa se había vuelto sonámbulo. El japonés no tardó en contárselo a su compañero y los dos desparramaron la noticia por todo el café. Al otro día, todo el barrio sabía que Cuinto se había vuelto sonámbulo. Todos lo miraban cuando llegaba a la cafetería, se sentaba en un rincón y se ponía a hablar solo, haciendo gestos raros acompañados de tics nerviosos que tenían preocupados a todos los parroquianos, especialmente a Piscuezo, que sentía un profundo respeto por él. La actuación había resultado perfecta. Cuinto había logrado su objetivo: que todo el mundo estuviera pendiente de él.

Era el mes de febrero. El carnaval había comenzado. Los días y las noches eran cada vez más calurosos. La plaza que quedaba frente a la cafetería de Piscuezo estaba llena de niños disfrazados que correteaban por todos lados mientras sus padres, sentados en la gramilla, buscaban un poco de fresco. La temperatura era agobiante. El parque estaba lleno de familias. Los vendedores ambulantes de helados no daban abasto. Eran las 9 de la noche. El ruido característico de las murgas y comparsas cantando sus estribillos daban brillo al carnaval. En el bar de Piscuezo estaban los mismos personajes de siempre: Dados, billar, café y caña. De pronto, uno de los parroquianos gritó: «¡Miren!» Cuinto, totalmente desnudo, con los brazos extendidos hacia adelante, la mirada fija y perdida, había entrado al café. Piscuezo gritó: «¡No lo toquen! ¡A los sonámbulos no hay que tocarlos porque si los tocan se pueden morir!» Ante la mirada atónita de los parroquianos, Cuinto fue hacia el mostrador y levantando una de las campanas de cristal, se comió cuatro sándwichs. Piscuezo gritó: «¡Llamen a la policía para que se lo lleven a su casa!» ¿Pero cómo llevarlo sin tocarlo? A los pocos minutos aparecieron cuatro policías. Al ver a Cuinto desnudo, el sargento gritó: «¡No lo toquen!» a la vez que se sacaban sus chaquetas y cubrían la desnudez de Cuinto. El sonámbulo se lanzó a caminar por la calle mientras los cuatro policías lo rodeaban tapándolo como podían con sus chaquetas. Al llegar al parque, la gente no entendía nada de lo que estaba pasando. Cuinto, y una muchedumbre que lo seguía, fue caminando por la avenida hasta que llegó al corzo vecinal donde se realizaba un concurso de disfraces. Ante la mirada y las carcajadas de toda la gente, Cuinto subió al escenario con los cuatro policías siempre cubriéndolo. La gente aplaudía y gritaba. Los policías estaban rojos de vergüenza y ya empezaban a impacientarse. Después de dar como diez vueltas por el escenario, Cuinto empezó a correr en distintas direcciones poniendo en apuros a los cuatro policías que se esforzaban por cubrir la desnudez del sonámbulo y que no dejaban de gritar: «¡No lo toquen! ¡No lo toquen!» Así pasaron horas. Los policías ya no daban más cuando Cuinto enfiló para su casa y entró como si no hubiera pasado nada. Exhaustos, los cuatro policías volvieron a la comisaría mientras Cuinto se disponía a dormir plácidamente.

Hacía un tiempo que a Cuinto se lo veía algo raro. Estaba más serio que de costumbre. Entraba a la cafetería de Piscuezo sin saludar, se sentaba en un rincón y hablaba como si conversara con otra persona. Un día se levantó y gritó amenazante: «¡Voy a poner una bomba que no va a quedar nadie!» Después se puso a llorar, paró de repente, se rió a carcajadas mientras gritaba: «¡Viva la anarquía!» Después quedó en silencio y llamando al camarero le pidió dos cafés, uno para él y otro para el doctor. El japonés, viendo que con él no estaba nadie le preguntó: «¿Qué doctor?» Cuinto entonces levantando la voz, gritó: «¡Cómo! ¡No me diga que no conoce al doctor! ¡Si ayer mismo se lo presenté! Así es que vaya rápido a traer el café antes que el doctor se enoje». El japonés, temeroso, gritó: «¡Dos cafés!» al tiempo que llegaba al mostrador, susurrándole al oído a Piscuezo: «¡Cuinto está loco. Primero sonámbulo y ahora esto!»

Todo el café y sus parroquianos sabían que Cuinto no estaba bien de la cabeza. Su insanía mental era vox populi en todo el barrio. Una noche, se despidió de Piscuezo y de todos los parroquianos diciendo que se iba para Mendoza, a descansar a la casa de una hermana. Después de eso, haciéndose pasar por la hermana, empezó a escribirle cartas a Piscuezo, diciéndole que tuviera cuidado con su hermano Cuinto porque estaba loco de remate y que su peligrosidad y agresividad eran cada vez más evidentes. Días antes de reaparecer por el café, compró una bocha y la pintó de negro. Le hizo un agujero y le metió una mecha. Había logrado el efecto deseado. La bocha parecía una bomba de aquellas que años atrás usaban los anarquistas. Cuarenta y ocho horas más tarde, Cuinto con un paquete en la mano hacía su entrada al bar de Piscuezo que, como todas las noches estaba lleno de clientes. Su figura era por demás elocuente: sus manos temblorosas, la barba crecida y unos lentes negros que le daban un aspecto inquietante y misterioso. Sin saludar, se sentó en el rincón de siempre. Piscuezo, los japoneses y los clientes seguían haciendo sus cosas pero no le quitaban la vista de encima. Así pasaron una y dos horas, hasta que Cuinto sacó un encendedor y sin que nadie se diera cuenta, abrió el paquete, sacó la bocha, le encendió la mecha y lanzando una carcajada la lanzó al medio del bar al grito de: «¡Muero yo y morimos todos!» Lo que pasó después fue inenarrable. Mientras algunos se tiraban por las ventanas rompiendo los vidrios, otros corrían hacia la puerta, cayéndose encima de las sillas y las mesas. Piscuezo, apretujado por veinte parroquianos que habían saltado el mostrador buscando refugio, gritaba como un loco tartamudeando, «¡Uuun...a bbbbooom...ba! ¡Uuun...a bbooom...mba!» En el baño, donde solo entraban dos personas, esa noche había como veinte. Parado encima de una mesa de billar, Cuinto gritaba: «¡Viva la anarquía!» Horas después encontraron a los japoneses medio ahogados metidos dentro de un armario.

A pesar que la broma había sido muy pesada, Piscuezo, los japoneses y los parroquianos seguían tratando a Cuinto con el mismo afecto y respeto de siempre. Una noche, Cuinto llegó al café tiritando de frío. Piscuezo le preguntó si estaba enfermo. Cuinto le respondió que no, que había intentado suicidarse lanzándose al río, pero como el agua estaba demasiado fría, había pospuesto el suicidio para otra ocasión. Piscuezo se rió de la ocurrencia de Cuinto. Pasaron los días y Cuinto seguía con el mismo cuento: «Que hoy me tiro. Que no me tiro. Que mañana. Que pasado. Que el agua está muy fría». Siempre con lo mismo hasta que Piscuezo y los parroquianos dejaron de prestarle atención a la cantinela de Cuinto.

Era sábado. Once de la noche y Cuinto no se había aparecido por el café. Era la primera noche que Cuinto faltaba. Con el pasar de las horas, su ausencia se notaba más y más.

Al día siguiente encontraron su cuerpo sin vida flotando en el río.

El mundo ha estado y estará lleno de mujeres y hombres con un pasado difícil de olvidar. Ese sentimiento de culpa que los tiene arrinconados hará que Satanás se los haga recordar permanentemente. El comenzar una nueva vida se les hace difícil por el temor de ser reconocidos o descubiertos por quienes conocieron su pasado.

La solución está en reconocer su culpa y pedir perdón al Ser Supremo y, tal como dice la Biblia: *Si confesamos nuestros pecados, él es fiel y justo para perdonar nuestros pecados, y limpiarnos de toda maldad* (1 Juan 1.9).

Por eso, cuando Satanás quiera hacerte recordar tu pasado, tú hazle recordar su futuro («¡Je, je, je! ¡Pobrecito lo que te espera!»)

III

LA VELOCIDAD: PASAPORTE A LA MUERTE

No hay duda que Satanás anda metiendo la cola en todos lados. En materia de muertes violentas, unas de las más comunes son los accidentes automovilísticos. Estos hechos, que matan a miles de personas diariamente -sin contar a los que quedan incapacitados de por vida- son producidos por el consumo del alcohol, la imprudencia, las carreras callejeras o simplemente la distracción.

Los que circulan con el acelerador a fondo sin pensar a lo que se exponen son en su mayoría jóvenes que animados por su habilidad y coraje en las carreteras y en paseos públicos hacen caso omiso de los consejos de sus padres, de las campañas contra el exceso de velocidad y de las fuertes multas que les imponen las autoridades.

Hay quienes afirman que esta desmedida sensualidad por la velocidad ha enlutado a más familias en el mundo que las dos últimas guerras mundiales.

Defensa personal

Luis, por consejo de su esposa, esa tarde había adquirido un arma para defensa personal. A pesar de haberla comprado, no estaba muy convencido de lo que había hecho. La guardó en un lugar donde no la encontraran sus hijos. Nunca había tenido un arma en su casa, ni siquiera en la mano. Un día, viajando con su esposa en el automóvil, abrió la gaveta para guardar unos papeles y se encontró con el arma. Le preguntó a su mujer:

Luis: ¿Quién puso esta pistola aquí?

La mujer (con gesto y voz firme): ¡Yo la puse!

Luis: ¿Por qué lo hiciste, si no era necesario?

La mujer: ¿Que no es necesario? Uno nunca sabe lo que le puede pasar. Es mejor prevenir que lamentar.

Esa noche, después de dejar el automóvil en el garage y sin que su mujer se diera cuenta, Luis tomó la pistola y la guardó otra vez en la casa. A los pocos días, el arma de nuevo no estaba en su lugar. Su mujer la había puesto una vez más en la gaveta del auto. Esa mañana sacaron los permisos para portar armas, llenando todos los requisitos establecidos por la policía federal.

A la semana, la pistola no estaba ni en la gaveta ni en la casa. Ahora Luis la llevaba encima, enfundada en un moderno porta-armas, de los que usa la policía de investigaciones. Otra vez el carácter fuerte y dominante de su mujer se había impuesto. A los pocos días, Luis y su esposa estaban en un polígono esperando turno para practicar, bajo la supervisión de un profesional del establecimiento. Y así pasaron los meses. La esposa de Luis estaba orgullosa de su marido por la habilidad y puntería que con el tiempo este había desarrollado. Se sentía cada vez más segura y Luis cada vez más preocupado. Sus compañeros de trabajo empezaron a notar que él, que siempre había trabajado en mangas de camisa, ahora no se sacaba el saco ni para bañarse. Hasta que un día, alguien descubrió el arma. Las bromas no se hicieron esperar. Le pusieron: «Luis Bond, el nuevo agente 007 y medio». A pesar de las explicaciones que dio a sus amigos, estos no cesaron de burlarse.

Un domingo que regresaban a Buenos Aires después de haber estado en su casa de campo en las afueras de la ciudad, una camioneta que circulaba a toda velocidad, casi roza su automóvil. La mujer le gritó a su marido que acelerara para alcanzarlo, por lo que Luis aceleró a fondo estableciéndose una carrera peligrosa y sin sentido. Esta terminó cuando llegaron a un cruce donde el tránsito estaba atascado. Luis acercó lo más que pudo su automóvil a la camioneta, mientras su esposa bajaba la ventanilla y le gritaba al chofer imprudente: «¿No ves lo que estás haciendo, animal?» Este le respondió con una andanada de insultos irreproducibles. La mujer le contestó con otra peor. La gritería era cada vez más fuerte hasta que el dueño de la camioneta se bajó avanzando amenazante hacia donde estaba la mujer. Esta le decía a Luis que lo enfrentara, que no fuera cobarde, que actuara como un hombre. Luis bajó del automóvil para enfrentar al agresor, que también lo empezó a insultar a él. En un verdadero ataque de histeria, la mujer empezó a gritarle a su esposo: «¡Matalo! ¡Matalo! ¡Te digo que lo matés! ¡Matalo!» Ante el estupor de la gente que los rodeaba, Luis desenfundó su arma vaciándole el cargador en el pecho. El hombre cayó muerto en el acto.

¡De nuevo, Satanás se había salido con la suya!

Regalo de papá

Hace un año poco más o menos, una noticia convulsionó todos los ámbitos del condado Dade de la ciudad de Miami. En la carretera U.S. 1, a las 3 de la mañana, un joven de 16 años conduciendo un coche deportivo a más de 130 kph, embistió a otro automóvil conducido por otro joven de 18 años, produciéndose una colisión de la que resultaron tres jóvenes muertos y uno cuadrapléjico para el resto de su vida. El automóvil que conducía el joven inexperto había sido regalo de su padre. Después se descubrió que el joven no tenía 16 sino 15 años y que la licencia que portaba era falsa. También se comprobó después que el padre había hecho falsificar los documentos personales del joven para poder sacarlo del país.

A la semana de haberse producido el accidente, fui a cenar con mi familia a un restorán de la zona. Uno de los camareros comentaba con otro el hecho que había enlutado a varias familias de la ciudad de Miami. No me costó ningún trabajo recordar lo sucedido pues todavía era algo de lo que todos hablaban. El camarero me señaló la mesa contigua. Ahí estaba el joven que había provocado el accidente y toda su familia. Comían, bebían y se reían de manera inexplicable como si nunca hubiera pasado nada. El joven estaba en libertad no sé si gracias a una fianza o a su minoridad, pero la cuestión es que mientras cuatro familias lloraban a sus hijos, esta otra se reía. ¿De qué? No sé, pero se reían como si la vida fuera nada más que un mero accidente biológico.

El baile

A los pocos días, otro caso parecido enlutó a la ciudad de Miami. Dos hermanas de 14 y 15 años pidieron permiso a sus padres para salir a bailar con tres amigos. Ante la negativa de la madre, por la escasa edad que tenían sus hijas, las dos hermanas hicieron como que se iban a dormir y a pesar de la prohibición de sus padres, escaparon a altas horas de la noche para encontrarse con sus amigos. El regreso fue antes que amaneciera. Venían haciéndose bromas unos a otros, molestando especialmente al que conducía. La falta de responsabilidad más el afán de demostrar pericia y coraje para conducir a alta velocidad hicieron que el muchacho perdiera el control del automóvil, estrellándose violentamente contra un árbol. Solo se salvó el conductor, que llevaba puesto el cinturón de seguridad. Esa mañana, varios desayunos quedaron intactos.

No cabe duda que el desprecio por la vida, la vanidad, la inexperiencia y la falta de sentido común hacen que miles de hechos como este sucedan todos los años con más y más frecuencia. A pesar de las campañas difundidas por los medios de comunicación, niños, jóvenes y adultos pierden la vida sin contar a los que quedan inválidos. ¿Se ha detenido usted a pensar por un instante por qué el correr a alta velocidad sin necesidad alguna seduce a la mayoría de los conductores? ¿Será la impaciencia? ¿El salir de casa con los minutos contados? ¿La temeridad propia de la inconciencia? O la sensualidad misma que provoca la velocidad. Porque todo lo que implica la palabra sensualidad va de la mano con lo prohibido.

La sensualidad es la antesala de la concupiscencia, la concupiscencia es la antesala del pecado, el pecado es la antesala de la muerte eterna, y la muerte eterna es la antesala del infierno. O, como dice Santiago 1.15: *Entonces la concupiscencia, después que ha concebido, da a luz el pecado; y el pecado, siendo consumado, da a luz la muerte.*

(Concupiscencia = Deseo excesivo de los bienes materiales, especialmente de los goces sensuales.)

La concupiscencia es una trampa que nos tiende el enemigo, haciendo caer en ella a los que a sabiendas o no, dejan que sus emociones y sentidos gobiernen su razón y su voluntad ante lo prohibido.

Hay muchas maneras de caer bajo el poder de la sensualidad que provoca la velocidad. Están los que a sabiendas lo hacen por dinero o por la emoción que produce el vértigo por la velocidad. El ejemplo más conocido son los conductores de autos de carrera que saben perfectamente que el más mínimo error de cálculo, la rotura de la dirección o el estallido de un neumático son factores que aumentan el riesgo de perder la vida. Están los otros, los que se transforman apenas se instalan detrás del volante. Estos se sienten poderosos, imbatibles, lanzados en loca carrera por las calles de las ciudades con resultados desastrosos.

Esta pasión por la velocidad hace que en la ciudad de Buenos Aires perezcan en accidentes del tránsito un promedio de 3 mil a 4 mil personas por año, sin contar lo que sucede en Río de Janeiro, Sao Paulo, Lima o Santiago de Chile. Las cifras son aterradoras, llenando las páginas de todos los periódicos con imágenes de hierros retorcidos y cuerpos sin vida cubiertos con sábanas, donde las colisiones son de tal envergadura que hasta las marcas de los automóviles son irreconocibles.

Diana de Gales

¿Qué muchacha no ha soñado alguna vez en ser la protagonista de un cuento de hadas en el que una bella joven se casa con su príncipe azul, él luciendo con gallardía su uniforme y ella provocando la admiración y envidia en las demás mujeres?

Estas historias, escritas especialmente para adolescentes y jovencitas románticas y soñadoras muchas veces se han hecho realidad y una de esas fue la protagonizada en la vida real por Diana Frances Spencer, una joven rubia y espigada, cuya sencillez, serena belleza y dulce sonrisa cautivaron a todo el mundo. Recuerdo la pompa y fastuosidad con que se realizó la ceremonia, ella luciendo su vestido de novia blanco y brillante como su mirada, y el príncipe Carlos con su habitual flema inglesa, reflejando en su rostro la misma emoción que siente el que ve ordeñar una vaca.

Los primeros años de convivencia entre Diana de Gales y el príncipe Carlos transcurrieron en una normalidad aparente. Los dos aparecían con frecuencia en escenas cotidianas filmadas por la BBC de Londres. Él, con el mismo gesto de siempre, austero y gris, y ella, con una forzada sonrisa y una triste palidez conformaban un clima de felicidad hogareña poco creíble.

A medida que pasaba el tiempo, cada vez se hacía más evidente la falsa armonía entre el príncipe Carlos y la princesa Diana, cuya popularidad aumentaba día a día de manera insospechada. Las continuas desavenencias entre los cónyuges, más las evidentes y populares aventuras extra matrimoniales por parte del príncipe Carlos hicieron que Diana tomara la decisión de pagarle con la misma moneda. Accedió a un apasionado romance con el ex oficial John Hewitt quien, un tiempo después, vendería los derechos de publicación sobre su romance con la princesa escritos con lujo de detalles. Estos sucesos escandalosos pusieron de relieve la impopularidad del príncipe mientras que la princesa Diana era cada vez más popular pese a su confesión pública de su adulterio provocado por el desamor y el abandono de su ex marido, reafirmando su necesidad de amar y ser amada y su derecho irrenunciable a la felicidad.

Su romance con el millonario egipcio Emad Mohamed Al Fayed era cada vez más notorio. Y una noche, huyendo en loca carrera de los fotógrafos que los acosaban permanentemente, el auto en que escapaban, acelerador a fondo, chocó contra una de las columnas de un túnel en la ciudad de París. La noticia conmocionó a todo el mundo. La princesa Diana, y su prometido Emad Mohamed Al Fayed habían muerto.

Aly Khan

Si alguien busca encontrar el significado de la palabra play-boy debería tener como respuesta Aly Khan. Este apuesto y elegante joven había elegido una singular profesión: la de gastar sin piedad parte de la cuantiosa fortuna de su padre, conocido como el Aga Khan, famoso por recibir todos los días de su cumpleaños como regalo su peso en oro.

Este gordito y bonachón personaje veía con preocupación de padre que su hijo, además de su pasión por los caballos y la velocidad tenía otra pasión peligrosa: la de firmar cheques, gastando el dinero que no tenía en lugares que no debía y con mujeres que a veces ni conocía. La lista de mujeres del ambiente artístico y del jet-set internacional que había conquistado era tan larga, que si comenzáramos a enumerarlas una por una nos sorprendería la noche sin haber llegado ni a la cuarta parte. Y esto no es broma porque a él le gustaban todas: viudas, casadas, solteras; rubias, pálidas, morenas y pelirrojas; gordas, flacas, altas y bajitas; en fin, mientras respiraran y pudieran caminar, ahí estaba él, con una chequera en la mano y una estilográfica en la otra.

Una de sus conquistas legales fue la popular y codiciada actriz Rita Hayworth con la que tuvo una hija llamada Yasmine.

Poco tiempo después, la noticia llegaba a la primera plana de los periódicos: Aly Khan se había matado en un accidente automovilístico. El jet-set estaba de luto. Los bancos también.

Porfirio Rubirosa

Aparte de mis queridísimos amigos Johnny Ventura y Wilfrido Vargas, la República Dominicana, tierra del béisbol, el merengue y el mangú con chicharrón ha dado personajes como el recientemente laureado beisbolista Sammy Sosa, sin olvidar al legendario Joaquín Balaguer, varias veces presidente de la nación. Este país, al que quiero profundamente, caracterizado por su gente noble y alegre, ha dado un sinfín de nombres, como el del famoso árbitro de la moda, Oscar de la Renta.

Uno de los personajes más conocidos internacionalmente fue el diplomático y *latin-lover* Porfirio Rubirosa. Este distinguido y apuesto caballero, además de jugar muy mal al polo, se destacó en el mismo deporte que su amigo Aly Khan: la caza de mujeres y si millonarias, mucho mejor. Dentro de su larga lista de víctimas se encuentran dos con las que estuvo casado: la millonaria Doris Duke y la super-millonaria Barbara Hutton. Después del divorcio con Barbara Hutton, se casó con una actriz francesa de 19 años. Era tan rápido con las mujeres como con los automóviles y terminó matándose en un accidente, con el acelerador a fondo.

James Dean

No creo que muchos actores se hayan hecho famosos en tan poco tiempo. Solo tres películas necesitó James Dean para conmocionar a todo un público que llegó a amarlo hasta el delirio.

Detrás de ese rostro de niño sereno, parco y despreocupado, se escondía el carácter de un hombre fuerte capaz de seducir de igual manera a una adolescente que a una mujer madura y experimentada. Su carrera de actor fue tan corta y tan rápida como lo fue su vida, perdiéndola en un accidente de carrera de autos. Hoy toda una legión de admiradores lo recuerda como un símbolo de incomprensión, protesta y rebelión de la juventud.

IV

La familia: Un blanco codiciado por Satanás

El blanco principal elegido por Satanás es la familia y su lado más vulnerable es la economía, factor preponderante que incide en la armonía de los que componen el hogar.

Los elementos desestabilizadores son: una mala administración de los fondos públicos, la recesión, la inflación, la emisión desmedida de dinero, la economía dependiente de otros países líderes, las falsas promesas de los políticos, el enriquecimiento ilícito de los corruptos a costa del hambre de los pueblos, la falta de planes estratégicos para lograr una economía sana, el atraso tecnológico y los desastres ecológicos a los que se ven sometidos casi siempre los países más pobres.

La inestabilidad económica en el hogar trae aparejados, entre otros, problemas tales como desequilibrio emocional y afectivo en la pareja, impotencia ante los requerimientos y necesidades elementales de los hijos, deserción escolar, mala alimentación, enfermedades e indefensión de los ancianos. Todo esto agravado por la ignorancia que durante toda la vida les ha enseñado cuáles son sus obligaciones pero nunca sus derechos.

> *Otra vez os digo, que es más fácil pasar un camello por el ojo de una aguja, que entrar un rico en el reino de Dios* (Mateo 19.24).

El alcoholismo

El alcoholismo es una enfermedad incurable pero recuperable que desde tiempos inmemoriales azota a la humanidad. Cuando en una familia hay uno o más alcohólicos empiezan las desarmonías entre sus componentes. Se pierde el respeto, la autoestima, la sobriedad, la capacidad de discernir y es muy común que se pierda hasta el trabajo.

Este es otro de los puntos vulnerables donde la economía de la familia empieza a tambalear. El resultado son peleas cada vez más airadas entre los cónyuges y delante de los hijos que son los que sufren más las discusiones y a veces la separación de sus padres. Invariablemente, si el alcohólico no reconoce su adicción, si no pide ayuda, si no se trata en organizaciones como Alcohólicos Anónimos, irremediablemente caerá abatido por el alcohol.

> *Despertad, borrachos, y llorad; gemid, todos los que bebéis vino, a causa del mosto, porque os es quitado de vuestra boca* (Joel 1.5).

Como Edgar Alan Poe, el cuentista y poeta estadounidense, autor de títulos memorables como «El corazón dela-
tor», «El caso del señor Valdemar» y «El tonel de
amontillado». En sus obras encontraremos un alma tortura-
da que solo una mente deshecha por el alcohol deja traslucir
su inteligencia malsana y su desprecio por la felicidad, donde la muerte y la locura son sus temas preferidos.

Edgar Alan Poe comenzó a beber a los 11 años de edad
para olvidar el impacto emocional que le produjo el encontrar a su padre en una actitud equívoca. Su alma de niño no
pudo resistir el embate de las imágenes por demás elocuentes, dedicándose a la poesía y a la literatura en noches de alcohol y delirio que terminaron con su vida tal como lo
planeó Satanás.

V

TESTIMONIOS

Si hay una frase que va contra los principios cristianos establecidos por Dios en la Santa Biblia, es: Ver para creer.

Uno de los sentimientos que gobiernan el corazón y la mente de aquellos que tienen toda su fe depositada en el hombre es la desconfianza.

Todos hemos sido alguna vez desconfiados e incrédulos, dudando de la veracidad ante un hecho poco común. Por eso hay que tener mucho cuidado en la diferencia que existe entre lo proclamado por el hombre y lo proclamado por Dios, porque detrás de la palabra del hombre pueden estar escondidos intereses mundanos que se apoyan en la mentira, el odio, la perversidad, el fraude, la violencia y otros resortes movidos por Satanás.

Detrás de cada hecho poco común hay un testimonio y hay que pedirle a Dios sabiduría para establecer la diferencia entre un hecho falso manipulado por Satanás y uno verdadero producido por la mano poderosa de Dios. El efecto del testimonio dependerá del que sepa establecer dicha diferencia.

«Levántate, y anda»

Una noche, después de muchas horas de trabajo, regresé a

mi casa. Después de cenar, me quedé viendo televisión. Cambiando de canal, me detuve en un programa de Trinity Broadcasting Network (TBN). La transmisión era directa desde Orlando. Benny Hinn estaba orando por los enfermos. Esa noche le subieron a la plataforma a una anciana inválida, que estaba en silla de ruedas desde hacía treinta años. Sus piernas y sus brazos eran delgados y sin rastros de músculos debido a la inactividad y a su avanzada edad. La señora, con la sonrisa propia de los que creen y tienen fe en Dios, miraba a Benny Hinn irradiando paz, esa paz que solamente da Jesús. Benny Hinn puso su mano sobre la anciana y oró por ella. Cuando finalizó la oración le dijo que se levantara y caminara. La anciana no solo se levantó y caminó sino que salió corriendo, cosa que no había hecho por años.

Otra vez Jesús y su poder sanador se habían puesto de manifiesto ante los aplausos, lágrimas y vítores que se escuchaban por millares. ¡Esa noche el cielo estaba de fiesta!

Era un día viernes. Había llevado mi automóvil al taller de reparaciones. Lo dejé bajo la promesa que me lo entregarían al día siguiente. Esa noche, después del teatro tomé un taxi que me llevara a mi casa. Apenas habíamos hecho dos cuadras cuando un matrimonio con una bebita en brazos, en un gesto de desesperación se abalanzó contra el taxi gritando que los llevaran a un hospital pues su hijita, en medio de terribles convulsiones, se estaba muriendo. Subieron en la parte de atrás. Yo le indiqué al taxista un hospital que estaba en las inmediaciones pero el padre, visiblemente angustiado, me dijo: «¡No, a ese no! Vamos al hospital donde yo trabajo». El matrimonio resultó ser una pareja de jóvenes

médicos. Él gritaba desesperado que nos apuráramos. Ella
lloraba en silencio. El taxista imprimió más velocidad al
vehículo. Yo trataba de calmar a la madre mientras el padre
gritaba: «¡Mi hija se muere!» Estando a mitad de camino
empezó a insultar a Dios, cargándole todas las culpas a Él.
En medio de los insultos empecé a orar, pidiéndole al Señor
que sanara a la bebita y que no escuchara las ofensas del padre porque en su desesperación no sabía lo que estaba diciendo. Los insultos eran cada vez más fuertes y mi oración
también. Antes de llegar al hospital, el padre dio un grito de
alegría. Las convulsiones habían cesado. El peligro ya había
pasado. La bebita esta vez sonreía. Los padres estaban felices. Llegamos a la puerta del hospital. El matrimonio bajó
rápidamente con la bebita en brazos. El taxista estaba maravillado. Yo, asombrado por la rapidez con que el Señor había respondido a mis oraciones. ¡Gracias, Señor! ¡Una vez
más, gracias!

El niño del estadio de Talleres

Fue hace cosa de un año. Una mañana me encontraba desa-
yunando cuando sonó el teléfono. Con sorpresa escuché la
voz de mi amigo y hermano en Cristo, el notable evangelista
Alberto Mottesi. Me llamaba para invitarme con mi esposa
a ir a Argentina a dar testimonio de mi conversión en el estadio del Club Atlético Talleres, sito en la ciudad de Lanús.

La campaña duró una semana. Fueron siete días mara-
villosos donde el Señor cambió corazones, renovó mentes e
hizo sanidades. Esta que les voy a relatar sucedió la última
noche.

Estaba yo en la plataforma dando testimonio ante 35 mil personas cuando de pronto veo un movimiento inusual de mujeres. Pasaron corriendo de un lugar a otro llevando en brazos a un niño de corta edad. Al final del evento, pregunté a los organizadores qué había pasado. Me contaron que una joven madre, llorando desconsoladamente, había traído a su hijo en brazos con la esperanza que Dios se lo sanara. El niño presentaba un bulto de grandes dimensiones en la cabeza y además tenía una piernecita varios centímetros más corta que la otra. Enseguida llamaron a un grupo de oración que estaba en las inmediaciones del estadio. El grupo de unas 15 mujeres oró rodeando al niño. A los pocos minutos al niño se le estiró la pierna más corta y ante el júbilo de los presentes, el bulto en la cabeza desapareció.

Dejad a los niños venir a mí, y no se lo impidáis, porque de los tales es el reino de los cielos (Marcos 10.14).

«Y los sordos oyeron»

No cabe duda que Dios utiliza a sus hijos para a través de ellos hacer milagros y sanar a personas de toda edad. Una noche, después del noticiero, busqué el canal de la TBN, la cadena cristiana que transmite las veinticuatro horas del día a casi todo el mundo lo relacionado con Dios, su Palabra y sus obras. Esa noche, un padre de unos 35 años subió a la plataforma con su hijo en brazos. El niño, de unos 7 años de edad, hacía poco que había perdido por completo la facultad de oír. Los médicos no daban esperanza de que volviera a recuperarla. Benny Hinn puso sus dos manos sobre los oídos del pequeño y acompañado por los miles de concurrentes oró por él estableciendo su sanidad en el nombre de Jesús. Después de orar sopló en su rostro y el niño, rompiendo en llanto, gritó que de nuevo podía oír. ¡Una vez más se había manifestado el poder de Dios!

Y en gran manera se maravillaban, diciendo: Bien lo ha hecho todo; hace a los sordos oír y a los mudos hablar (Marcos 7.37).

La secretaria de Goluscio

Uno de los componentes más queridos de la iglesia bautista en el centro de Buenos Aires es mi amigo y hermano en Cristo, Humberto Goluscio. Aparte de ser un exitoso *marchante* de obras pictóricas, dirigía una empresa comercial. Su secretaria era testigo de las reuniones y comentarios realizados por pastores y evangelistas que le visitaban casi diariamente. Una tarde, a pesar de no ser creyente, se interesó por una de las campañas que estaba realizando en la provincia de Buenos Aires el notable siervo de Dios Carlos Anacondia. Goluscio empezó a contarle que la concurrencia era de 10 mil a 15 mil personas cada noche, que muchos recibían sanidad y liberación espiritual amén de la gran cantidad de hombres y mujeres que entregaban sus corazones a Cristo. Un día, la incrédula secretaria le pidió a Goluscio si la podía llevar a una de las campañas para ver si era verdad lo que su jefe le contaba. Esa noche fueron a la campaña. La secretaria se sentó en la primera fila poniendo atención a todo lo que pasaba a su alrededor. Vio como varios concurrentes, tocados por el Espíritu Santo caían al piso. La incrédula también cayó. La ayudaron a incorporarse, recobrando el conocimiento en seguida. Al volver en sí, se dio cuenta que algo muy extraño le había pasado. De repente, un calor inexplicable inundó su boca. Varias de sus muelas, en proceso de ser tratadas por el dentista, habían sido milagrosamente arregladas luciendo como nuevas. La incrédula secretaria estaba atónita por lo sucedido. Lo interesante vino cuando fue al dentista para seguir con el tratamiento. Cuando el dentista le pidió a su paciente que abriera la boca le preguntó asombrado dónde y quién le había terminado el arreglo pues el trabajo había sido realizado por alguien que manejaba una técnica de avanzada, que no estaba dentro de su conocimiento. ¡Otra vez, gloria a Dios!

> *Jesús le dijo: Si puedes creer, al que cree todo le es posible.*
> *E inmediatamente el padre del muchacho clamó y dijo:*
> *Creo; ayuda mi incredulidad* (Marcos 9.23-24).

La mujer con los días contados

Un domingo asistía al templo «Alfa y Omega» donde me congrego. Después de la alabanza, el pastor Alberto Delgado preguntó a la concurrencia si alguien tenía un testimonio que dar. Se levantó una mujer de unos 45 años, quien dijo lo siguiente: «Hace seis meses empecé a sentir un dolor en la cabeza. Pasaban los días y el dolor se hacía más persistente. Fui al médico. Me indicó hacerme algunos estudios. El resultado fue terrible: me descubrieron en el cerebro un tumor de 5 centímetros de diámetro, aparte de una dolencia cardíaca inoperable por mi condición física. La expresión del rostro del médico lo decía todo. Sus gestos al mirar las placas radiográficas y el resultado del MRI eran por demás elocuentes. Después que me dio la noticia me indicó hacerme el tratamiento adecuado. En ese momento, todo se tornó oscuro. Mis oídos no captaban ningún sonido. Veía el movimiento de los labios del médico hablando pero no lo escuchaba. Era como si me hubiesen arrancado el alma. Toda yo estaba sin fuerzas, sin poder articular palabra. Después de la consulta me fui caminando hasta el lugar donde tenía estacionado mi automóvil. Entré y me senté. No tenía fuerzas para cerrar la puerta. Sin duda estaba condenada a morir irremediablemente. No sé cuánto tiempo estuve llorando en silencio. Pensé en mi familia, en mis hijos. Estuve dando vueltas con mi automóvil por espacio de varias horas. Quería ver mi ciudad, los espacios verdes con sus flores. Cada niño que veía me hacía recordar los tiempos felices en que mis hijos correteaban por el jardín. Fui a mi casa y tratando de disimular ensayé mi mejor sonrisa. Encendí el televisor. Por espacio de una hora estuve sentada frente a él. No sé lo que vi. Fui a mi dormitorio, me senté en la cama y ahí mismo recordé que era cristiana y reaccioné a pesar de la noticia que me habían dado. Comencé a alabar a Dios y a reclamar sanidad en el nombre de Jesús. Sentí un gran alivio. Me volvieron las fuerzas. Sentí como si una luz se hubiera encendido dentro de mí. Llena de esperanza y de fe renovada, oré por espacio de una hora sin parar. Ahora la pelea era distinta. Recordé aquel versículo que dice: «Si Dios es por nosotros, ¿quién contra nosotros?» (Romanos 8.31). Cada día que pasaba, mi fe se agigantaba. Oraba por espacio de horas alabando y cantando a nuestro Dios. Pasaron varias semanas. Desobedeciendo las indicaciones que me había dado el neurólogo no me hice ningún tratamiento. Cada día me sentía mejor. Comencé a dar gracias por la sanidad recibida. Pasó un tiempo y me hice otra vez los mismos estudios. Al compararlos con los primeros, el médico comprobó con asombro que ya no existía ningún temor y que la dolencia cardíaca había desaparecido por completo. «¡No puede ser! ¡No puede ser!», repetía el médico. «Alguien está equivocado o acá pasó algo raro». Volvió a mirar los resultados del MRI. Para asegurarse que no había ninguna equivocación, ordenó todos los estudios de nuevo, repitiéndose la escena anterior. ¡Gracias, Dios mío, por haberme sanado!

Ciertamente llevó él nuestras enfermedades y sufrió nuestros dolores... el castigo de nuestra paz fue sobre él, y por su llaga fuimos nosotros curados (Isaías 53.4-5).

La oreja

Hacía poco tiempo que me había convertido al cristianismo. Mi andar por los caminos de Dios no era como lo indica Él en su Palabra. Andaba con el paso cambiado. Llevaba la cruz un ratito y después se la pasaba a otro. Mi cristianismo lo llevaba afirmado con alfileres. Era una situación muy cómoda para mí. Vivir un día como cristiano y diez como mundano. Las dudas e interrogantes que siempre atacan a los novicios en sus comienzos como conversos me atacaban a mí en todo momento. Mi fe no estaba siendo alimentada por la Palabra de Dios, pues al abrir la Biblia no sabía por dónde comenzar. Y al leerla al azar, encontraba Escrituras, nombres, hechos, acontecimientos y relatos completamente extraños para mí. Esa era una de las excusas que el enemigo me ponía como panorama. Un día, empecé a sentirme mal física y espiritualmente. Yendo para el teatro donde trabajaba en la ciudad de Mar del Plata, me encontré con mi amigo Humberto Goluscio. Le conté lo que me estaba pasando. En pocas palabras, él me dijo que debía cambiar mi actitud hacia Dios. Que a pesar de mi firme decisión de aceptar a Jesucristo en mi corazón como mi Dios y mi Salvador personal actuaba como si no hubiera asumido ningún compromiso con Él. Y que era tiempo de tomar decisiones importantes y definitivas. El no congregarme y no tener una relación clara con el Señor hacía que no conociera y comprendiera el plan que Dios tenía para conmigo.

Al poco tiempo me recomendaron al pastor Omar Oriel, que tenía su centro de operaciones en el ex Teatro Opera. Fui a verlo. Al llegar al hall del teatro, decenas de recuerdos vinieron a mi mente, pues pocos años atrás había tenido allí un éxito rotundo con mi compañía. Se acercó un joven preguntándome si buscaba a alguien en especial. Cuando le dije a quién, me hizo pasar a una oficina contigua donde esperé la llegada del pastor Omar Oriel quien en ese momento se encontraba en el púlpito terminando el culto del día. A los pocos minutos apareció un señor muy agradable y bonachón que se alegró al verme. Después de presentarse, entre otras cosas me contó que Dios había hecho un milagro de tales proporciones que su vida había cambiado radicalmente. Ante mi curiosidad por saber lo que había hecho el Señor con él, me contó que en un accidente había perdido toda su oreja izquierda. Yo, al verle la oreja izquierda en perfectas condiciones le pregunté quien se la había reconstruido porque la operación parecía tan perfecta que nadie podría darse cuenta de su accidente. Él, visiblemente emocionado, me dijo que se la había reconstruido Dios. Le miré la oreja una vez más, ahora con más detenimiento, y al ver que no tenía ninguna cicatriz ni nada que delatara lo que le había sucedido, le puse una mano en el hombro y le dije: «¡Escúchame! ¡Explícamelo mejor cómo fue que pasó todo!» Él volvió a contarme el accidente donde había perdido su oreja. Y luego me dijo: «Me estaba afeitando cuando de pronto sentí un calor fuerte en la cicatriz que me hizo cerrar los ojos por unos segundos. Al abrirlos frente al espejo vi que ahí estaba mi oreja, intacta». Yo, como todo escéptico, quise preguntarle cómo terminaba la película, pero por respeto a su evidente sinceridad no lo hice. Se despidió y salió. Al rato vino el joven que me había atendido al llegar. Me pidió disculpas por haberme dejado solo. Yo le respondí que en realidad no había estado solo, pues un señor muy simpático llamado Emilio me había hecho compañía. El joven, sonriendo, me dijo: «Ah... ¿el de la oreja? ¡Qué milagro se mandó el Señor, eh! Se la hizo mejor que la que tenía antes. Aquí ese hecho fue muy comentado. Imagínese, de la noche a la mañana Dios le había hecho una oreja nueva». Entonces, yo pensé: ¡Si Dios fue capaz de hacer los mares, los montes, la fauna y la flora, ¿cómo no iba a poder hacer una oreja?! Esa misma tarde, el pastor Omar Oriel me recomendaba a Guillermo Prein que luego sería mi pastor y me bautizaría antes de venir a radicarme a los Estados Unidos, tal como lo relato en mi primer libro, *Risas, aplausos y lágrimas*.

Con respecto a la oreja: *Bienaventurados los que no vieron y creyeron* (Juan 20.29).

Regreso a casa

¡Qué maravilloso es ver cómo Dios usa a sus hijos para tornar lo imposible en posible! Hace nueve años que me congrego en la iglesia Alfa y Omega liderada por el pastor Alberto Delgado. Todos los domingos voy al culto que comienza a las 11 de la mañana. Pero un día, no sé por qué, fui al culto de los días jueves que comienza a las siete y media de la noche. Si alguien me pregunta por qué tomé esa decisión no sabría qué explicación dar. Pero una fuerza dentro de mí me indicó el día y la hora. Llegamos con mi esposa a la iglesia y una señora que estaba parada en la puerta pidió hablar conmigo. La pobre mujer, embargada por la tristeza, empezó a contarme su drama, que es el mismo que aqueja a muchísimos madres que tienen hijos adolescentes. El caso era que la pobre mujer tenía una hija de 13 años, edad peligrosa en cuanto a elección de las amistades y compañías. La niña empezó a mostrar los primeros síntomas de rebeldía faltando a la escuela y llegando a su casa a horas inapropiadas para una niña de su edad. La situación se hacía cada vez más insostenible, primando las discusiones entre madre e hija hasta que esta última un día abandonó su hogar yéndose a vivir con otras muchachas y muchachones de su edad, dejando como único recurso para la comunicación el número telefónico de la casa donde estaba viviendo. La señora, angustiada, con lágrimas en los ojos me pidió que llamara a su hija por teléfono para convencerla que volviera a su casa y que Dios le había mostrado que yo era la persona indicada para hacerlo. Tomando el número, le prometí que llamaría a su hija y que mi mujer y yo íbamos a orar por ella. Que tuviera confianza en que Dios iba a hacer la obra. Al otro día llamé a la joven. Me atendió un muchacho con acento americano.

Al rato, después de esperar unos minutos, le pasaron el teléfono a ella. Muy cautelosamente quiso saber quién la llamaba y cómo había conseguido el número telefónico. Le dije mi nombre, explicándole la angustiosa situación por la que pasaba su madre. Al hablarle de Dios empezó a reírse mientras contaba en inglés a sus amigos quién era yo pues algunos me conocían por mi trabajo en la televisión. Empezaron las burlas y las risas mientras yo seguía exhortándola a que volviera a su casa. Al final, en medio de las bromas de los compañeros, me prometió que iba a pensarlo. Después de cortar comencé a orar y a reprender a Satanás en el nombre de Jesús. Después, siempre en el nombre de Jesús y dando gracias por lo que para nosotros era ya un hecho, seguimos orando con mi esposa por el pronto regreso a casa de la niña. Al domingo siguiente, fuimos al culto de las 11 de la mañana como es nuestra costumbre. En la puerta estaba la mujer esperándome. Emocionada me abrazó con los ojos llenos de felicidad. Me dijo: «¡Gracias, muchas gracias! ¡Mi hija volvió a casa!» Yo le dije: «¡Dé gracias a Dios porque Él fue el que hizo la obra!» ¡Gracias, Señor!

Evander Hollyfield

Cuando dejé de trabajar en teatro y televisión, compré un restorán en la ciudad de Miami, sobre la playa, situado en Collins Avenue y 27 Street.

En dos años había pasado de ser actor de comedias a gastrónomo.

Una noche, comiendo acompañado por mi familia, llegó Hugo Pozzolis, mi socio. Sentándose frente a mí, me dijo:

Mi socio: ¿Sabés quiénes pelean hoy, no? ¡Seguro que no sabés!

Yo: No. No sé. ¿Quiénes pelean?

Mi socio: Mike Tyson y Evander Hollyfield.

Cuando dijo Hollyfield, ese nombre me hizo recordar que tres años atrás lo había visto en la cadena cristiana TBN junto a Benny Hinn después de haber dado un testimonio de lo que Cristo había hecho en su vida, alabando al Hijo de Dios en forma emocionante.

Mi socio: ¡Ché, despertá! ¿En qué te quedaste pensando?

Yo: En Hollyfield.

Mi socio: Seguro que esta noche Tyson lo mata.

Yo: ¿Por qué estás tan seguro?

Mi socio: Y... porque sí. Antes del quinto round, Tyson lo liquida.

Yo: ¿Te parece?

Mi socio: ¿Que si me parece? ¿Cuánto te querés jugar a que Tyson a Hollyfield lo mata antes del quinto round? ¿Vos viste pegar alguna vez a Tyson?

Yo: Creo que una vez vi dos rounds que pasaron en un noticiero.

Mi socio: Me voy... me voy a ver la pelea que la pasan por *pay-per-view* (pague-por-ver). Por 45 dólares te ponen la pelea en el televisor de tu casa. ¿Por qué no la ves?

Yo: Porque ya sé cómo va a terminar.

Mi socio: ¿Cómo va a terminar?

Yo: Va a ganar Hollyfield.

Mi socio: ¿Vos estás loco? Tyson lo mata. ¿Por qué pensás que va a ganar Hollyfield?

Yo: Seguro que si puso el resultado de esta pelea en las manos de Dios, no la va a perder.

A las dos horas estaba en la cama viendo una película, cuando sonó el teléfono.

Mi socio: ¿Vos sos mago o vidente?

Yo: ¿Por qué?

Mi socio: Tenías razón. Hollyfield le está dando una paliza terrible. Lo está matando. Después que termine la pelea te llamo.

Al rato, suena nuevamente el teléfono.

Mi socio: Tenías razón. ¿Sabés que ganó Hollyfield?

Yo: ¡Me lo imaginé! ¿Por qué lo intuí? Porque un rato antes de comenzar la pelea, uno de los canales de televisión había llevado sus cámaras a los vestuarios de los boxeadores, mostrando a un Mike Tyson sentado, solo, con gesto agresivo y la mirada perdida, pegando repetidas veces su puño derecho contra el izquierdo; en cambio, Hollyfield estaba alegre, saltando y cantando alabanzas a Dios. ¡Qué diferencia! ¿No?

VI

SITUACIONES QUE ATORMENTAN

Está comprobado que las personas que espiritualmente están bien afirmadas sobre bases sólidas resisten mejor los embates y obstáculos que encuentran continuamente en la vida. Estos toman caminos sanos y decisiones correctas, mientras que los otros son presa fácil de los lazos que les tiende el cazador: falta de paz interior, incapacidad de un análisis profundo y sereno y la toma apropiada de decisiones con la sabiduría, criterio y sentido común que solo da Dios.

Los celos

Uno de los embates que mejor maneja Satanás son los celos. Estos son provocados por diversas circunstancias que ocurren diariamente en todos los lugares de la tierra donde haya un ser humano.

Se ha hablado y se ha escrito mucho sobre este tema y el que mejor lo ha interpretado ha sido el legendario y mundialmente conocido William Shakespeare. En su obra Otelo, este transita angustiosamente por uno de los tortuosos caminos que atormentan al ser humano: los celos. Abatido en medio de una desolación devastadora, cae atrapado en un trágico final.

Otelo es la figura principal de esta conocida obra litera-
ria que durante años no ha perdido vigencia, avalada por los
hechos desgraciados que provocan los celos y que suceden a
diario desde que el mundo es mundo.

Otro de los personajes importantes de esta historia es su
fiel Yago, quien, con la sutileza propia de Satanás, comienza
a sembrar dudas en la mente de «El moro de Venecia» sobre
supuestas infidelidades de su amada Desdémona.

La inseguridad se apodera del corazón de Otelo, llenán-
dolo de incertidumbre a tal punto que agobiado por los tormentos que provocan los celos, da muerte a su amada.

Esta obra comenzó siendo una pieza teatral asombran-
do por su real y dramático contenido. También fue llevada
al cine en la película «El beso de la muerte» protagonizada
por Ronald Colman. Inclusive por los años 50 el cantante
Frankie Laine grabó el tema «Jealousy» («Celos») que llegó a
estar en los primeros lugares del Hit Parade.

Esta pasión enfermiza es un mal que ha provocado innumerables tragedias, destrozando vidas y enlutando a familias enteras. Ultimamente, los medios de comunicación
están llenos de sucesos como éste en que personas impulsa-
das por los celos no solo aniquilan a sus cónyuges sino también a los demás miembros de la familia de la víctima. Sin
duda alguna, detrás de todas estas desgracias está Satanás,
desplegando su más vil estrategia para tratar de destruir la
base misma de la sociedad creada por Dios: la familia.

*Porque los celos son el furor del hombre, y no perdonará
en el día de la venganza. No aceptará ningún rescate, ni
querrá perdonar, aunque multipliques los dones* (Proverbios 26.34-35).

El odio y el rencor

¿Quién no ha sido traicionado, ofendido, robado, calumniado, agredido, presionado, agraviado de hecho o de palabra alguna vez? Consciente o inconscientemente, todos hemos cometido errores y ofensas que han herido a nuestros semejantes. Estos hechos, que producen dolor en el alma, pocas veces son olvidados y menos aun perdonados. Cuando el corazón se alimenta constantemente por el recuerdo de un hecho ingrato, indefectiblemente nacen el odio y el rencor.

Aunque se disimulen, estos sentimientos dan como resultado una vida tormentosa sin gozo y paz interior, poniendo de relieve insatisfacción e inestabilidad emocional, amén de otros sentimientos que atentan contra la salud espiritual afectando incluso la salud física.

El odio y el rencor no dejan vivir en armonía ni a disfrutar plenamente de las cosas simples y bellas de la vida.

¿Cómo se vencen estos obstáculos que atentan contra la convivencia sana y quitan la alegría de vivir? ¿Cómo quitarse esa pesada carga y el dolor que a veces no nos deja pensar ni razonar con claridad, transformando nuestros días en un calvario crónico? La fórmula es sencilla: el perdón.

Y cuando estés orando, perdonad si tenéis algo contra alguno, para que también vuestro Padre que está en los cielos os perdone a vosotros vuestras ofensas. Porque si vosotros no perdonáis, tampoco vuestro Padre que está en los cielos os perdonará vuestras ofensas (Marcos 11.25-26).

La envidia

Si hay un sentimiento capaz de destruir la posibilidad de ser feliz a una persona, es la envidia. Se apodera de ella transformándola en un ser negativo, dibujando en su rostro la amargura que día a día se va acumulando por la incapacidad de aceptar la felicidad, los triunfos y el bienestar del prójimo.

La mala suerte, la falta de apoyo o comprensión de los demás son algunas de las excusas permanentes que esgrimen los que no pueden esconder sus verdaderas limitaciones.

Muy a menudo el envidioso intentará desacreditar el logro alcanzado por los demás con sacrificio, capacidad y esmero, haciéndolo aparecer como un golpe de suerte, restándole el verdadero valor. Las personas que esgrimen estos argumentos siempre son frustrados por su propia inoperancia. Quieren lograr sin esfuerzo alguno lo que otros alcanzaron con dedicación y empeño.

He aquí donde el fracasado, aparte de envidioso, se transforma en necio. Este individuo puede ser capaz de realizar cualquiera acción con tal de empañar y destrozar los éxitos alcanzados como resultado de un trabajo intenso. La envidia y la frustración pueden llegar a transformarlo física y mentalmente al punto que tratará de usar todos los mecanismos a su alcance con tal de minimizar los méritos del triunfador.

Cruel es la ira, e impetuoso el furor; mas ¿quién podrá contenerse delante de la envidia? (Proverbios 27.4).

El poder de la lengua

La lengua es un arma capaz de salvar o destruir a cualquiera.

Es un miembro pequeño, pero se jacta de grandes cosas. He aquí, ¡cuán grande bosque enciende un pequeño fuego! Y la lengua es un fuego, un mundo de maldad. La lengua está puesta entre nuestros miembros, y contamina todo el cuerpo, e inflama la rueda de la creación, y ella misma es inflamada por el infierno. Porque toda naturaleza de bestias, y de aves, y de serpientes, y de seres del mar, se doma y ha sido domada por la naturaleza humana; pero ningún hombre puede domar la lengua, que es un mal que no puede ser refrenado, llena de veneno mortal. Con ella bendecimos al Dios y Padre, y con ella maldecimos a los hombres, que están hechos a la semejanza de Dios. De una misma boca proceden bendición y maldición. Hermanos míos, esto no debe ser así. ¿Acaso alguna fuente echa por una misma abertura agua dulce y amarga? Hermanos míos, ¿puede acaso la higuera producir aceitunas, o la vid higos? Así también ninguna fuente puede dar agua salada y dulce (Santiago 3.5-12).

La depresión

La soledad, la pérdida de un ser querido, el divorcio, la estafa, la falta de trabajo, la miseria, la enfermedad, la desilusión, el fracaso, una infancia infeliz, la falta de amor, el exilio, la injusticia, la traición, son algunos de los motivos que asolan a millones de personas. El consumo de medicinas para combatir la depresión suma billones de dólares anualmente. El estrés provocado por la vida moderna, donde la competencia, la inestabilidad económica y el endeudamiento a raíz del consumismo descontrolado, la lucha por los bienes materiales y el temor a perderlos es la lotto que todos los días entrega como premio un infarto al miocardio; segundo premio, una úlcera al duodeno; tercer premio, hipertensión arterial; cuarto premio, un ataque de hemiplejía; quinto premio, neurosis y gran premio especial: un cajón de madera lustrosa con seis manijas plateadas de la mejor calidad.

He aprendido a contentarme, cualquiera sea mi situación. Sé vivir humildemente, y sé tener abundancia; y en todo y por todo estoy enseñado, así para estar saciado como para tener hambre, así para tener abundancia como para padecer necesidad. Todo lo puedo en Cristo que me fortalece (Filipenses 4.11-13).

El temor

Hay mucha gente que tiene miedo. Hay quienes le tienen miedo al miedo, y hay también los que tienen miedo a no tener miedo. Este no es un simple juego de palabras, sino que es para demostrar que el miedo juega sin compasión con la persona, ensañándose con quien le tiene temor a todo: Miedo al día, miedo a la moche, miedo a las enfermedades, miedo a la lluvia con sus truenos y sus relámpagos; miedo a las puertas que se abren y a las puertas que se cierran; miedo a la soledad y a las muchedumbres. Hace tres años conocí a un señor que no podía soportar estar en los lugares públicos. Por temor a las multitudes nunca iba a los teatros ni a los estadios de fútbol ni a un mitin político, ni viajaba en bus, ni siquiera se subía a los ascensores porque, además, tenía claustrofobia. Al pobre, no le faltaba nada.

Los que le tienen miedo a la oscuridad duermen con tantas luces encendidas que su habitación parece un baile de carnaval.

Para demostrar cómo el miedo hace del temeroso una presa fácil, les contaré que hace muchos años fuimos de gira por el interior del país con la famosa audición de radio «La revista dislocada» (véase mi libro *Risas, aplausos y lágrimas*, pp. 75-85). La noche que llegamos al pueblo donde íbamos a actuar nos dirigimos al hotel que el empresario nos había asignado. Era un edificio viejo, oscuro y tétrico. La escalera que iba al primer piso crujía permanentemente, aumentando el clima de misterio que flotaba en el ambiente. A todos les dieron sus habitaciones en la planta baja menos a mi compañero de cuarto y a mí, que nos dieron una habitación arriba, en el primer piso. Calculen cómo serían los dormitorios que sin abrir las maletas llamamos al empresario para que nos cambiara de alojamiento. Sonriendo, nos dijo, «Lo siento, muchachos, pero este es el único hotel que hay en el pueblo». Resignados, fuimos al salón-comedor donde el dueño del hotel nos había esperado para cenar. Todos comíamos en silencio hasta que uno de los muchachos del elenco preguntó: «¿En qué habitación vive Drácula?» La esposa del pianista que nos acompañaba, visiblemente nerviosa saltó como un resorte, gritando: «¡Si van a empezar con estas cosas yo me voy!» El pianista trataba de calmarla, mientras ella seguía gritando: «¡Nos vamos ya mismo! ¿Dónde hay otro hotel?» El camarero le contestó: «A doscientos kilómetros, señora». El silencio que siguió fue por demás elocuente. Alguien preguntó en qué año habían construido ese hotel. El dueño contestó: «En 1910». Silencio. El dueño del hotel era un gaucho de unos 70 años, pelo largo, barba y bigote; de andar cansino y hablar pausado. Con voz aguardentosa, agregó: «La historia de este hotel comenzó muy mal. Dicen que al inaugurarlo, el dueño hizo una gran fiesta, pero cuando mostraba los dormitorios a las autoridades del pueblo, en uno de ellos encontró a su mujer besándose con otro hombre. Ahí no más les pegó dos tiros a cada uno». Uno de mis compañeros preguntó: «¿En qué dormitorio sucedió eso?» El dueño respondió: «¡Donde están el pianista y su señora!» Lanzando un grito, la temerosa esposa del pianista le dijo a su marido: «¡Vámonos! ¡Yo aquí no me quedo! Aunque sea caminando nos vamos de aquí». El pianista trataba de calmar a su mujer. Mi compañero de habitación preguntó: «El tipo después de matarlos, ¿fue preso?» El dueño dijo: «¡No! Salió corriendo, subió al caballo y en medio de la oscuridad se fue al galope con tan mala suerte que cayó en un arroyo y murió ahogado. Dicen las viejas del pueblo que en las noches de luna llena se ve pasar por las ventanas al fantasma del dueño rondando el hotel. Ante el visible nerviosismo de su esposa que se había fumado cuatro cigarrillos seguidos, el pianista preguntó: «¿Usted alguna vez lo vio?» a lo que el dueño respondió: «Yo no, pero por las dudas cierren bien las ventanas». La esposa del pianista gritó, acusando a su marido: «¡La culpa la tenés vos! ¡Yo no quería venir! ¡Algo me decía que yo no tenía que venir!»

Al rato, mientras tomábamos café, por un problema técnico se apagó la luz no solo en el hotel sino en todo el pueblo. El dueño pidió: «¡Rápido! Traigan las velas» mientras la mujer del pianista, temblando de miedo, gritaba desesperada: «¡Me muero! ¡Yo me muero!» Cuando llegaron con las velas, el dueño dijo: «Bueno, es hora de irse a dormir». La esposa del pianista respondió diciendo: «¡Irá a dormir usted, pero lo que es yo, de aquí no me muevo!»

Habría pasado media hora cuando mi compañero y yo nos fuimos a nuestra habitación que, por casualidad, estaba justo encima de la del pianista y su mujer. Al rato los oímos entrar a su habitación mientras discutían en alta voz. Mi compañero de pieza me dijo: «¿Querés divertirte un rato?» Acto seguido tomó una sábana, abrió la ventana y sacándola afuera mientras imitaba el aullido de un lobo comenzó a agitarla. Sin duda que la mujer del pianista la vio porque empezó a gritar: «¡Ahí está! ¡Ahí está! ¡Yo me muero! ¡Yo me muero!» cayendo desmayada. A los gritos del marido pidiendo auxilio, todos corrimos a socorrerla.

Esa noche no durmió nadie. A la mañana siguiente, muertos de sueño, fuimos a desayunar. Nos encontramos con el dueño. Yo le dije: «¡Qué nochecita, eh! La mujer del pianista casi se nos muere de miedo. Y a propósito, la historia que nos contó anoche no se la cree nadie». El dueño, riendo: «¡Por supuesto! ¡Pero no me diga que no nos divertimos!»

El temor con fundamento

Los países subdesarrollados, especialmente los de América Latina y Africa han sufrido y sufren el accionar fallido de sus malos gobiernos, llevando a los pueblos a un estado de miseria total. La falta de trabajo, una educación adecuada y una atención médico-social integral que garanticen la salud y una buena calidad de vida forman una niñez desnutrida y abandonada, una juventud sin porvenir y una ancianidad sin esperanza y desamparada totalmente; en síntesis, países física, anímica y espiritualmente destruidos por el TEMOR al presente y al futuro.

El gran banquete de Satanás

Si Romeo y Julieta hubieran existido realmente, habrían ocupado un lugar preferencial en el menú de este banquete y los hubiéramos encontrado sentados encima de una gran parrilla.

Imagino a William Shakespeare vestido de parrillero con un frasco de chimichurri y un gran tenedor gritando: «¡Salen con papas fritas!» También estarían en la parrilla Marco Antonio y Cleopatra, personajes basados en la vida de Richard Burton y Elisabeth Taylor.

A un lado, los participantes de una maratón, cuyo primer premio es un horno encendido. Son, por orden de llegada: Ricardo II, Ricardo III, Enrique V, Enrique VI y Enrique VIII. Los corredores correspondientes a los lugares 1º, 4º y 7º no aparecen en la lista pues han sido descalificados por el uso de anabólicos, sustancia prohibida creada por Ana Bolena.

A un costado de la parrilla, Hamlet con una calavera en la mano pregunta: «¿Servirá este huesito para un caldo?» Más allá, las alegres comadres de Windson mientras intercambian chismes compran objetos robados al Mercader de Venecia.

En la puerta de entrada se ve a un hombre vestido con una sábana blanca y dos ramitas de laurel en la cabeza y a un *security* que bloqueándole el paso, le grita: «¡Usted será todo lo Julio César que quiera, pero si no me dice su apellido no pasa!» De adentro se escucha la voz de Satanás que le grita al *security*: «¡Dejalo pasar, que es amigo mío!»

El banquete ya ha comenzado.

Me he permitido elegir con humor a algunos de los personajes que atrapados por sus frustraciones, odios, celos, traiciones y sed de venganza transitan por los tortuosos caminos de la tragedia. Estos conflictos constituyen el basamento de gran parte de la obra de Shakespeare, desnudando en sus relatos la constante problemática humana.

Shakespeare y las adolescentes

La Dra. Mary Pipher en su libro «Reviviendo a Ofelia» complementa magistralmente mi punto de vista sobre los personajes de Shakespeare. Refiriéndose a Ofelia, de *Hamlet*, dice: «La historia de Ofelia... muestra las fuerzas destructivas que afectan a las jovencitas. De niña, Ofelia es libre y feliz, pero con la adolescencia pierde el rumbo. Cuando se enamora de Hamlet, vive solo para obtener su aprobación. No tiene dirección interior; más bien lucha por cumplir las demandas de su padre y de Hamlet. Su valor depende completamente de la aprobación de ellos. Ofelia se parte en dos en su esfuerzo por complacerlos. Cuando Hamlet la desprecia por ser una hija obediente, enloquece de dolor. Vestida con lujosas ropas que la hacen naufragar, se arroja a un arroyo lleno de flores» (Mary Pipher, Ph.D., «Reviviendo a Ofelia», Círculo de Lectores, New York, 1997, p. 17). Y refiriéndose al mundo en el cual viven las adolescentes hoy, la Dra. Pipher afirma: «[Es] un mundo que las envenena con sus ideas sobre la feminidad, la sexualidad y la felicidad; y que las ataca con sus valores contradictorios y su violencia, justamente en el momento en que las niñas son más vulnerables y están enfrentando los cambios físicos y emocionales normales de su desarrollo» (op.cit, contraportada).

Hace más de 500 años, Shakespeare describió un mundo tan deteriorado y amenazador que, lamentablemente, no ha mejorado con el avance de la civilización. Porque en el día de hoy, cuando ya transitamos por el siglo XXI los problemas de la juventud siguen siendo los mismos, aunque agravados por la presencia de otros igualmente malos, producto de la modernidad, cuyo avance es tan espectacular que ha llegado a anular nuestra capacidad de asombro.

Las historias sacadas de la vida, sumadas a la imaginación del genial dramaturgo demuestran que la muerte como solución final es la fórmula que siempre tiene para ofrecer la pronta mano del gobernador de este siglo, Satanás.

Porque no tenemos lucha contra sangre y carne, sino contra principados, contra potestades, contra los gobernadores de las tinieblas de este siglo, contra huestes espirituales de maldad en las regiones celestes (Efesios 6.12).

VII

LOS PODEROSOS VULNERABLES

Si usted alguna vez ha pensado que el dinero proyecta seguridad sobre las vidas de los que ostentan poderío y riqueza, está totalmente errado. A pesar de los sistemas sofisticados de seguridad, todos son vulnerables. Si no, recordemos a los siguientes personajes:

Barbara Hutton

Millonaria por excelencia, gracias al poder y a la seducción que da el dinero, más su belleza personal hacían que esta mujer no se privara de nada. Heredera de una de las fortunas más grandes del mundo, vivía sin la angustia que aflige al proletariado cuando llega la hora de pagar la próxima cuota del refrigerador o la factura de la luz. La palabra hipoteca, que no deja dormir a millones de personas cuando llega el fin de mes no estaba en su léxico. Mansiones, joyas, autos caros, recepciones y otros deleites que ofrece la vida mundana eran el medio donde se desenvolvía y transcurría la existencia de esta poderosa mujer. Lo que se le ocurría, lo tenía. Todos sus caprichos eran satisfechos. No le faltaba nada. Al contrario, lo tenía todo. Amigos, enemigos, admiradores, detractores; en fin, vivía como quería, a su plena voluntad y antojo. De hombres, ni hablar. Tuvo de distintas razas, profesiones, colores y tamaño. Europeos, asiáticos, latinos, gordos, flacos, altos, bajitos y ¿por qué no? hasta enanos si lo hubiera querido. Alguien ha dicho que, como era su costumbre, cambiaba de amantes como de vestido. La cantidad de pretendientes era tan grande que permanentemente confundía sus nombres. Al que se llamaba Pedro, le decía Juan; al que se llamaba Juan le decía Carlos; al que se llamaba Carlos le decía Emilio. El problema serio se suscitó cuando a uno que se llamaba Fernando lo llamó Sofía.

Todas sus relaciones amorosas le costaban abultadas sumas de dinero, especialmente sus maridos. Sus divorcios eran aplaudidos por la lista de pretendientes que trataban de llegar a su fortuna para vivir principescamente.

Los casi mil millones que llegó a tener los dilapidó de tal manera que cuando murió, en la cuenta bancaria no había más de 3.500 dólares. Esta vez el cuento de la cenicienta se revertía: en vez de la niña pobre que se transformaba en rica, la niña rica se transformó en pobre.

Los Kennedy

No creo que haya un apellido más emparentado con la tragedia que el de los Kennedy. Esta familia, cuya pasión primordial fue y es la política, se ha visto con el correr de los años envuelta en accidentes, muertes prematuras y otras situaciones desgraciadas que llegaron a conmocionar a todo un país. Lo admirable es cómo durante años han soportado estoicamente los dolorosos acontecimientos en que se han visto envueltos. La maldición, el maleficio, la mala suerte, la fatalidad o la casualidad son unos de los tantos factores a los que la gente atribuye esta cadena sucesiva de desgracias.

La primera víctima fue Joe, quien a los 29 años murió en un accidente aéreo durante la Segunda Guerra Mundial. A partir de 1941, su hermana Rosemary vive internada en centros siquiátricos por problemas mentales. En 1948 y a los 28 años de edad, Kathleen, otra de las hermanas de Kennedy muere trágicamente en un accidente aéreo. En 1963, John F. Kennedy es asesinado en Dallas, Texas cuando tenía 46 años y ejercía la presidencia de los Estados Unidos. Ese mismo año, a los tres días de nacido muere Patrick, hijo de John F. y Jackeline Kennedy. En 1969, haciendo campaña proselitista con el propósito de llegar a ser presidente de los Estados Unidos, Robert Kennedy es asesinado en el Hotel Ambassador de la ciudad de Los Ángeles cuando tenía 42 años de edad. Ese mismo año, Edward Kennedy tiene un accidente en el cual muere su secretaria en circunstancias nunca aclaradas. En 1973, Edward Kennedy, hijo, sufre la amputación de una pierna a causa del cáncer. En 1997, Michael Kennedy, hijo de Robert y Ethel muere en un accidente mientras esquiaba en Colorado. En 1999 muere John F. Kennedy, hijo, al caer su avioneta al mar mientras viajaba a una boda familiar junto con su esposa y su cuñada, hecho que conmovió a todo el mundo.

Howard Hughes

Si hay alguien que se ha codeado con la fortuna, riqueza, éxito y otros deleites de la vida mundana este ha sido Howard Hughes quien a los dieciocho años heredó una enorme fortuna basada en compañías de petróleo. Poco después, se transformó en socio de la RKO Pictures. Apoyándose en su riqueza y en su buena presencia, este joven envidiado por sus éxitos y cuantiosa fortuna no tardó en ubicarse entre los primeros donjuanes de Hollywood, título que ostentaba con orgullo. Al mismo tiempo que avanzaba en el terreno de los negocios, fue avanzando también su temor por la muerte. Aislándose en una especie de bunker herméticamente cerrado y con todos los adelantos técnicos que él mismo hizo construir, Hughes comenzó a alejarse cada vez más del mundo que lo rodeaba, ante el temor de la contaminación de forma tal que ese temor se convirtió en locura. Terminó sus días en un estado deplorable.

Gianni Versace

Si hay un mundo donde la frivolidad, el lujo, la competencia, la estética, la belleza y la audacia conforman un gran negocio que deja pingües ganancias de miles y millones de dólares, ese es el mundo de la moda. Este ambiente donde se mueve dinero en cantidades inusitadas fue transitado con gran éxito por Coco Channel, Christian Dior, Mark Bohan, Nina Ricci, Ted Lapidus, Lagerfeld, Ive Saint Laurent, Bill Brass y los actuales Calvin Klein, Ralph Lawrence, Giacomo Farré, Oscar de la Renta, Valentino, Carolina Herrera y otros famosos representantes de la moda femenina y masculina. No solo pusieron sus nombres en las etiquetas de sus creaciones, sino también en la industria del perfume, una de las más redituables del mundo moderno, que sumado a la fabricación de calzado, ropa interior, medias, paraguas, «pilotos» dan trabajo a miles de personas, sin contar a su majestad, la industria textil.

Para llenar las necesidades de las vestimentas de las personas, se fabrican diariamente miles de kilómetros de sedas, tafetas, organzas y otros tipos de telas. Italia y Francia son los puntos de partida de los movimientos de la moda, generados por artistas de la alta costura que satisfacen las necesidades vanidosas de la mujer.

Uno de estos creadores nació en Reggio Calabria en 1946, aprendiendo la profesión que su madre le enseñara. Su nombre era Gianni Versace. Este joven italiano fue afirmándose poco a poco en el terreno de la moda, trabajando para diversas compañías, demostrando una evolución y calidad permanente. Hasta que en marzo de 1978 lanzó su primera colección para mujeres y en septiembre de ese mismo año, para hombres, demostrando su gran pericia y creatividad en sus diseños. Ayudado por su hermana Donatella fue obteniendo una sucesión de triunfos, impresionando con la combinación que con gran audacia hacía de colores y texturas a quienes seguían su trayectoria. En 1982 lanzó una colección con la que causó un impacto publicitario tan fuerte que logró incluir en su lista de clientes a personajes del *show business* y del jet-set internacional tales como Elton John, Michael Jackson, y las famosas Diana de Gales y Carolina de Mónaco.

Este diseñador, al tiempo que adquiría experiencia y notoriedad, ganaba fabulosas sumas de dinero haciendo de su natural conexión con el arte de la costura un camino de merecidos éxitos. Poco a poco fue superándose, logrando que se pagara por uno de sus vestidos lo que se pagaría por un automóvil. Las críticas de los expertos eran cada vez más halagüeñas, transformándolo en la década de los noventa en el zar de la moda mundial. Todo lo que llevaba su marca y su firma se vendía en cientos de sus boutiques, amén de las grandes tiendas que se disputaban en ser los primeros en vender sus prendas con exclusividad. Aparte de transformarse en el número 1 se había transformado también en un hombre poderoso avalado por su talento, respeto y admiración. Nadie podía presagiar que ese talentoso hombre pudiera derribarse tan fácilmente. La fama y el dinero suelen ser riesgosos para los que ostentan el título de millonarios.

Uno de sus lugares predilectos era la ciudad de Miami, que disfrutaba permanentemente. Le gustaba tanto que compró en su calle favorita, Ocean Drive, una mansión de varios millones de dólares, decorándola y transformándola en un palacio dotado de los más modernos sistemas de seguridad. Todo lo que él amaba de la ciudad de Miami lo tenía a pocos metros. La playa a un paso y en la esquina su café y restorán favoritos. Para llegar de allí a su casa, y vice-versa le tomaba caminar 40 ó 50 metros. Así pasaba los días en su lujosa mansión, alternando con amigos antiguos y ocasionales. Una mañana, después de desayunar, yendo para su casa, y mientras abría la puerta, un hombre a sus espaldas con un solo dedo derumbaba un imperio. Entre tanto transeúnte que pasan a toda hora por Ocean Drive, ninguno vio ni escuchó nada. Versace se había ido de este mundo dejando aplausos, éxitos, dinero y poder... ¿PODER?

Y les dijo: Mirad, y guardaos de toda avaricia; porque la vida del hombre no consiste en la abundancia de los bienes que posee. También les refirió una parábola, diciendo: La heredad de un hombre rico había producido mucho. Y él pensaba dentro de sí, diciendo: ¿Qué haré, porque no tengo donde guardar mis frutos? Y dijo: Esto haré: derribaré mis graneros, y los edificaré mayores, y allí guardaré todos mis frutos y mis bienes; y diré a mi alma: Alma, muchos bienes tienes guardados para muchos años; repósate, come, bebe, regocíjate. Pero Dios le dijo: Necio, esta noche vienen a pedirte tu alma; y lo que has provisto, ¿de quién será? Así es el que hace para sí tesoro, y no es rico para con Dios (Lucas 12.15-21).

Elvis Presley

Elvis Presley lo tuvo todo. Sobredosis de encanto. Sobredosis de popularidad. Sobredosis de talento. Sobredosis de *swing*. Sobredosis de atractivo. Sobredosis de admiradoras. Sobredosis de fanáticas. Sobredosis de dinero y sobredosis de fama.

La noche que dio su último concierto se le veía agobiado, cansado, triste, sin fuerzas pero igual sus fanáticas aplaudían y gritaban demostrándole su fidelidad. Las niñas, las adolescentes, las jóvenes y las no tan jóvenes conformaban una multitud de mujeres que lo adoraban. A medida que transcurría el concierto, transpiraba cada vez más. En su mirada estaba dibujado un triste presagio que él mismo parecía presentir. El que estaba arriba del escenario era un Elvis Presley totalmente desconocido. Le faltaba vigor, ese fuego sagrado y todo el ímpetu que lo caracterizaba como el rey del *rock*. Se había convertido en una pobre máquina de hacer dinero.

¿Se puede con el dinero comprar un sueño apacible y un

despertar feliz? ¿una amistad sincera? ¿el amor genuino? ¿la paz interior? ¿la felicidad? ¡Está comprobado que no! Si no lo creen, lean con atención lo siguiente:

No os hagáis tesoros en la tierra, donde la polilla y el orín corrompen, y donde ladrones minan y hurtan; sino haceos tesoros en el cielo, donde ni la polilla ni el orín corrompen y donde ladrones no minan ni hurtan. Porque donde está vuestro tesoro, allí estará vuestro corazón (Mateo 6.19-21).

JOCELYN

«CONOZCO LA VIDA EN EL ESPÍRITU Y NO LA CAMBIARÍA POR NADA»

La orquesta dominicana «Millie, Jocelyn y los vecinos» tenía la calidad musical como para poner en acción frenética a miles de amantes del ritmo tropical. Sus actuaciones en teatros, auditorios, radioemisoras, televisoras, discotecas eran garantía de «alegría» desbordante. Sin embargo, Jocelyn no conocía ni la felicidad completa ni la paz. Un vacío horrible llenaba su vida, impidiéndole disfrutar de aquello que parecía sastisfacer tan plenamente a sus seguidores. Hasta que se encontró con Jesucristo, quien transformó su vida y la hizo dar un giro de 180 grados. Hoy día, con un ministerio de adoración pujante y de bendeción, ella, su esposo y otros miembros de su familia igualmente regenerados por la sangre de Cristo, hacen tesoro en el cielo, donde ni la polilla ni el orín corrompen, ni ladrones minan y hurtan. Y, además, guían a otros a la salvación.

Vengo de una familia tradicional y muy religiosa. Me crié en el catolicismo y desde pequeña participé activamente en las actividades de la iglesia. Canté en el coro e integré las «Hijas de María».

A medida que fui creciendo y orientando mi vida por mí misma, me di cuenta que languidecía espiritualmente.

Por años, involucrada como estaba en muchas cosas, esto no fue algo que me preocupara demasiado. Pensé que la vida era así y que con actividades y participación en trabajos religiosos, se podría superar. Observaba a los demás que me rodeaban, y veía más o menos lo mismo que veía en mí, de modo que traté de aceptarlo como algo normal.

Pero mi identificación con la iglesia de mis padres no había sido cosa de juego. Adoraba a la vírgen María y creía en la eficacia de mis ruegos a una serie de otros santos. Así es que cuando me sentí desfallecer en el espíritu, opté por lo que me parecía lógico y natural. Aumenté la frecuencia con que asistía a misa hasta llegar a hacerlo diariamente. Un día, esa preocupación empezó a tomar tonalidades que me asustaron. Pensé en el infierno y me dije: «Jocelyn, ¿no estarás caminando rumbo al infierno con tantas dudas e indecisiones?» Era lo que ahora me preocupaba. Me sentía vacía. Buscaba respuestas en la iglesia. Intensifiqué mis oraciones. Comencé a leer libros. Organicé de alguna manera una vida devocional. Se lo comuniqué a mi familia y empecé a clamar, ahora a Dios, que me dijera lo que me estaba pasando.

Se me había enseñado desde pequeñita que la iglesia satisfaría todas mis necesidades, y ahora, ya una mujer hecha y derecha, comprobaba que toda una vida de comunicación con ella no me había servido de mucho. El vacío dentro de mí no se llenaba con nada.

Corría el año 1992. Por ese tiempo, algo excepcional ocurrió que pensé que sería la respuesta a mis ruegos. La orquesta «Milly, Jocelyn y los vecinos», ya había obtenido bastante fama. Y juntamente con fama, dinero. Caracterizada por cultivar el merengue dominicano, alcanzó un grado de calidad sobresaliente en su género, lo que nos hizo acreedores a numerosos premios. Teníamos fama, dinero, y una vida llena de las «cosas buenas» que ofrece el mundo.

En la orquesta, las vocalistas principales éramos mi hermana Milly y yo. Mis hermanos Martín y Rafael Quezada eran los directores de la orquesta que estaba compuesta por diecisiete músicos. Fausto Arias, mi esposo era trombonista. Rafael Vásquez, esposo de Milly, era el «manager». Grabamos 20 discos y viajamos por los Estados Unidos, Sudamérica, el Caribe, España y Japón. Éramos conocidos internacionalmente.

En la vida artística ajena a la influencia de Dios, alcanzar la fama no es fácil, pero nunca tan difícil como mantenerse en la cúspide. No solo en términos de trabajo duro e incesante, sino en cuanto a manejo de las relaciones públicas. Todos: solistas, orquestas, conjuntos, animadores, productores, directores, arreglistas, compositores quieren alcanzar la fama. Y la fama es escurridiza, pero cuando se consigue, casi siempre se consigue sobre la base de calidad, aunque también evitando que los que quieren subir a ocupar los primeros lugares, te derriben a ti, que llegaste antes. En esta batalla, muchas veces se usan argumentos que poco o nada tienen que ver con la calidad, el respeto o el compañerismo. Aquí, la amistad está condicionada por los intereses de cada uno.

La vida del artista está llena de afanes, preocupaciones, mucho trabajo y placeres de toda índole. La maquinaria que se monta, y de la cual a poco andar te sientes esclavizado, no te da descanso: ensayos, aeropuertos, aviones, taxis, sonrisas, saludos efusivos a pesar del cansancio y el agotamiento, grabaciones, presentaciones en vivo y por la televisión, vestuarios, peinados, carreras, locura. Se termina la vida en familia. Los contactos con familiares, amigos e incluso los hijos se convierten en un lujo cada vez más escurridizo. Se duerme poco y se termina eso de horarios regulares. A veces teníamos que estar fuera de casa durante meses. La compensación a esta actividad tan febril la constituyen los teatros llenos y los aplausos. Para el artista, estos dos elementos, además del dinero, no se sustituyen con nada. Pero he aquí que los teatros llenos y los aplausos y el dinero a manos llenas no siempre son duraderos. Para la gran mayoría, llega el día cuando el favor popular se va por otros rumbos. En el momento mismo en que este proceso comienza, las alturas donde el artista respiraba aires tan sabrosos y donde se sentía tan a gusto, empiezan a desmoronarse. Y a medida que se va descendiendo en los caprichosos y crueles raitings que son como toboganes, el artista va viendo más nítidamente la figura fatídica de un animal devorador llamado depresión, que lo espera allá abajo para comérselo. En tales casos, el mundo corre presuroso a ofrecerle a la ex estrella rutilante la solución ideal para su problema: drogas, alcohol, relaciones prohibidas y, en algunos casos, sobredosis que son fatales.

Yo viví todo eso. La fama, el dinero, los aplausos, los teatros llenos, las risas y las sonrisas de un público que parecía tuyo para siempre. Disfruté de las fiestas, las relaciones sociales, ricos vestuarios, entrevistas, luces de colores y de neón. Pero en medio de toda esa vorágine de sensaciones, descubrí un día que aquel vacío que me había atormentado algún día en el pasado, seguía ahí. Nada de lo que habíamos logrado con los triunfos de «Milly, Jocelyn y los vecinos» había logrado ahuyentarlo. Era algo muy parecido al animal salvaje, agazapado y listo para saltar.

Después de 20 años de vida artística, de trabajo duro, de alegrías, triunfos, dinero y fama, seguía sufriendo de soledad espiritual. En mis viajes por el mundo, mis ruegos a la vírgen María, a los santos de mi devoción y las escapadas que cada vez que podía hacía a alguna iglesia para oír misa parecían ser como agua que se escurre por entre los dedos.

Ante la certidumbre que mi hambre espiritual no había podido ser saciada con la alimentación que me daba mi fe católica, entré en una etapa de cuestionamiento y crítica a todo lo que había sido tan precioso para mí. Ahora, que miro esa reacción como un hecho del pasado, no la encuentro sino lógica. Había buscado ayuda en los rezos, las plegarias y los ruegos, y no la había hallado; había acudido a una vida devocional en la que una concurrencia desesperada a misa era parte primordial, y no había visto cambio alguno; había leído libros que ahora me parecían huecos. La fe religiosa de mis padres no había hecho ningún aporte significativo. Debo confesar que ser católica me daba algo de tranquilidad, pero ese algo de tranquilidad estaba lejos de ser lo que yo necesitaba con urgencia. También me habían dado tranquilidad la solvencia económica y los halagos de la gente, pero seguía tan vacía como siempre. Quiero que quienes me lean entiendan lo que estoy diciendo: Hay cosas en la vida que se satisfacen con religiosidad, con comodidades y con bienes materiales. Si tú, por ejemplo, tienes dinero para viajar en primera clase en lugar de en clase turística, eso te va a proporcionar cierto grado de satisfacción; o si en lugar de concurrir a una feria al aire libre donde hay bullicio y mucha gente yendo y viniendo, te retiras a una catedral y disfrutas de la paz que te ofrece la religión a ese nivel, vas a sentirte gratificada. Si las personas que te rodean te quieren y se interesan por ti, vas a ver en su actitud una manifestación positiva que agradecerás porque producirá un efecto positivo en ti. Yo todo eso lo tenía. Lo que no tenía era lo que mi alma necesitaba. Y eso no me lo daban ni la primera clase de un avión, ni una hora retirada en la más apacible de las catedrales, ni el amor y la buena voluntad de quienes me rodeaban. De modo que no tenía paz plena y permanente.

No sé exactamente cómo, pero un día amigos no católicos empezaron a hablarme. Su mensaje, respetuoso y hasta un poco cauteloso, tenía un tono diferente. Una presencia rara a indefinible empezó a llegar a mi vida. Y me la traían esas personas. Al principio, mi fe católica se sintió sacudida. Me pregunté: ¿Por qué esta gente, con la que mi relación de amistad ha estado siempre intervenida por nuestra diferente adhesión religiosa, me está trayendo un bienestar que antes no tenía? ¿Será esto lo que he buscado por tanto tiempo sin hallarlo?

Aquellos amigos eran evangélicos. Debido al tipo de formación religiosa que recibí desde niña, los evangélicos eran personas con las que debía mantenerme a prudente distancia. Mientras menos contacto con ellos, mejor. Y así había sido durante toda mi vida. ¿Entrar en un templo evangélico? ¡Ni por broma! Pero ellos siguieron enviándome mensajes. Un día, alguien de ellos me dijo: «Jocelyn, estamos orando por ti. Jesús te ama». Aquello fue como un golpe que me dieron en la cabeza. «¡Estamos orando por ti!». Y «¡Jesús te ama!». ¿Orando por ti? Yo sabía de rezos, de plegarias a la virgen y de peticiones a los santos, pero de que alguien o algunas personas estuvieran orando por mí, sencillamente no lo entendía cabalmente. Y que Jesús me amara, no dejaba también de tener su extrañeza. Yo sabía que Dios ama a todos, por eso, naturalmente, mi objetivo siempre fue Dios. Pero he aquí que ahora, alguien introducía a mi vida a Jesús. Jesús. Revisé mis conocimientos acerca de Jesús. Evalué mis conceptos y el grado de participación que le había dado a Jesús en mi vida. Y tuve que llegar a la conclusión que mi concepto era muy vago y que en cuanto a grado de participación, había sido prácticamente nula.

Casi sin darme cuenta, me fui aproximando a los evangélicos. Ya no me parecían tan indignos de ser mis amigos. El trabajo del Espíritu Santo en mi vida, que había comenzado años atrás, ahora se hacía más evidente. Empecé a asistir a una iglesia evangélica. Cuando estaba allí, mi corazón se conmovía y las lágrimas acudían a mis ojos. Yo no sabía a ciencia cierta qué me pasaba, pero intuía que era algo bueno. Ahora lloraba con mucha facilidad.

Cuando nos reuníamos en familia para orar o cuando visitábamos a algún enfermo o personas que habían perdido a un ser querido, no podía contener el llanto. Mi familia empezó a preocuparse. Un día, en medio de uno de mis viajes a República Dominicana, me invitaron a asistir a una célula de oración. Un grupo de mujeres allí reunidas oraron por mí. Aquella fue una experiencia que jamás olvidaré. Sentí la presencia de Dios en mi vida.

Pensé: Esto tiene que ser lo que andaba buscando por tanto tiempo. De seguro que ese vacío espiritual será llenado por esta presencia de Dios. Creí que todos los problemas estaban resueltos, pero no era así. Ahora creía en Dios de una manera diferente. Era consciente de la presencia del Espíritu Santo en mi vida, pero me faltaba algo. Y ese algo es lo más importante, sin lo cual todo lo demás carece de valor. Me faltaba entregar mi corazón a Jesucristo. Para que este paso se diera, Dios usó a la pastora Millie Félix como instrumento. Ella me ayudó a pasar de muerte a vida. Ella me habló de Jesús, no como el niño del pesebre, sino como el hombre de la cruz. Ella me explicó el plan de salvación y me hizo consciente del tremendo poder de la sangre que Cristo derramó en el Calvario. Cuando ese día acepté a Cristo, mi vida cambió de veras. El vacío se llenó. El hambre empezó a ser saciada.

Todo ahora me parecía diferente. Lo veía diferente. Aunque vendrían otras búsquedas, la búsqueda primaria había cesado. En el camino, cual Saulo de Tarso, me había encontrado con Jesús.

Continuamos en nuestro trabajo con la orquesta y yo seguía teniendo experiencias con el Señor. Aprendí a orar, aprendí a adorar a Dios y a pasar tiempo en su presencia. Con la pastora Félix empezamos a estudiar la Biblia y ella, con mucha paciencia, me fue discipulando.

La ministración de Dios en mi vida fue lenta pero minuciosa. Dios llenó cada espacio de mi ser. Me ministraba directo. Con la Palabra y la oración pude aprender a escuchar la voz del Señor. La Palabra, como una espada, entraba dentro de mí cambiándome y mostrándome las áreas de mi vida que no le había entregado y las que necesitaba cambiar. Fue doloroso el trabajo que Dios fue haciendo conmigo. Me llevó a romper con todos los patrones y esquemas anteriores. Limpió mi mente y mi corazón de doctrinas y creencias que habían estado allí por años. Dios también metió su mano de amor en mi familia, que era uno de mis ídolos, y lo hizo a través del versículo, «El que ama a padre o madre más que a mí, no es digno de mí» (Mateo 10.37). Toda la Palabra que leía, el Espíritu Santo la usaba para ministrarme y me ayudaba a vivirla.

Dios comenzó a quebrantarme, a liberarme, a sanarme. Me enamoré de Jesús.

Nos encontrábamos grabando el disco número 20 cuando Dios me hizo entender que no podría seguir haciendo lo que hacía. Por ese entonces, las cosas que me gustaban del negocio ya me eran desagradables. La Palabra me confrontaba con lo que el mundo me ofrecía. Dios estaba comenzando a cambiar mis gustos musicales. La música que me deleitaba, ahora me era molesta. Me empecé a fijar en las letras, y Dios me dijo que no eran de edificación para nadie. Antes, yo le cantaba a la liberación femenina, igualando a la mujer con el hombre en materia de infidelidades y muchas de mis canciones llamadas de amor, eran, en realidad, de desamor. Dios me habló fuertemente. Tan fuerte que cuando llegó el momento de ponerle la voz a la grabación «master», no pude hacerlo.

Los lugares donde trabajábamos podían ser una discoteca, una fiesta de gala, un concierto o simplemente barras. En ocasiones tocamos y cantamos para homosexuales, en discotecas especiales para ellos. En algunos lugares, la gente no solo iba a divertirse, sino que también iba a hacer transacciones ilegales, incluyendo la prostitución en todas sus formas. Comencé a entender que un día tendría que dar cuentas a Dios de todo esto que yo venía haciendo. Que aunque no participaba en lo que esta gente hacía, era responsable indirecta. Sin el valor para terminar de una vez con esa vida, optamos por hacer una selección más rigurosa de los lugares a los que se nos quería contratar para actuar.

Yo sentía el dolor de la separación y el rompimiento de lo que había sido mi vida por tantos años, pero a la vez era consciente de la verdad de la Palabra de Dios que nos dice: «Salid de en medio de ellos ... y yo os recibiré» (2 Co 6.17). Esa y otra Palabra me fueron revelando la voluntad de Dios para mi vida. Dios me estaba llamando a consagrarme completamente a Él. «Somos reyes y sacerdotes para nuestro Dios» (Ap 5.10). El Señor me sedujo y me atrajo con cuerdas de amor. Entendí su misericordia y gracia y no pude resistir a su llamado. Hablé con mi familia y le comuniqué mi decisión de poner fin a mi vida artística tal como la había venido viviendo por años. Su reacción fue positiva y me apoyaron en lo que estaba a punto de hacer. Rompí mis vínculos con la orquesta, cancelé todos los contratos que tenía, terminé la grabación y cumplí con los compromisos que estaban en proceso. A finales del año 1993, estaba completamente libre y lista para dedicarme por completo a servir al Señor.

Estaba entrando con entusiasmo y fe en mi vida nueva. Fui bautizada y con el apoyo de mi pastora Millie, empecé a congregarme. Participar en cultos cristianos, donde se alababa con el espíritu más que con la mente, era para mí novedoso y sumamente inspirador. Sentía lo que nunca antes había experimentado: cómo mi espíritu se elevaba a la presencia gloriosa de Dios.

Empecé a experimentar algo que nunca me imaginé que existiera: el diálogo de mi espíritu con el Espíritu Santo. Después llegué a saber que en la Biblia hay un versículo que dice: «Dios es Espíritu; y los que le adoran, en espíritu y en verdad es necesario que adoren» (Juan 4.24). Y también, «el Espíritu mismo da testimonio a nuestro espíritu, de que somos hijos de Dios. Y si hijos, también herederos; herederos de Dios y coherederos con Cristo, si es que padecemos juntamente con él, para que juntamente con él seamos glorificados» (Romanos 8.17).

Un día, orando, Dios le habló a la pastora Millie confirmándole el llamado para que le dedicara mi voz y mi talento a Él. Ahora cantaría, a pedido suyo, ¡aleluya! para gloria del Dios sempiterno, el «Yo Soy», el eterno presente. ¡Qué privilegio! Nada de mi vida anterior se le podía comparar. El Señor es fiel. Las promesas de Dios son para todos nosotros si le creemos a Él. Comencé a reclamar a toda mi familia para Cristo. El primer fruto que Dios me dio en este clamor fue mi esposo. Él, que había asumido el papel de observador de su esposa y lo que ella experimentaba, no tenía planes de seguir mis pasos; pero un día, después de una larga búsqueda que hizo de su vida el Espíritu Santo, cayó a los pies de Cristo y entregó toda su vida a Él. Dios lo liberó del pecado. Lo alejó de la vida bohemia de los músicos, del adulterio, de la bebida. Su consagración a Dios fue algo de adentro, del corazón, y ahora juntos vemos cómo Dios ha levantado con nosotros un ministerio de alabanza, adoración y predicación de la Palabra con dones preciosos del Espíritu Santo para su honra y gloria.

La conversión de mi esposo y antes la mía, trajo a nuestro hogar una atmósfera que jamás nos imaginamos que existiera. Una atmósfera no creada artificialmente a través del dinero, los medios económicos o las riquezas materiales, sino de una vida entregada al Señor. Ahora, por fin ahora, empezábamos a vivir las verdaderas y auténticas bendiciones de Dios. Las incomprensiones, las infidelidades, las discusiones empezaron a desaparecer al punto que hoy son cosas del pasado. Las heridas provocadas por aquella vida pasada empezaron a sanar. El don precioso del perdón cayó como un manto bienaventurado sobre nosotros. Vivimos una vida de amor y de armonía. De amor y armonía auténticos. Hoy reina la paz en nuestro hogar. En Jesucristo está el verdadero perdón. Ese perdón que lo olvida todo. Y en Jesucristo está el verdadero amor. Ese amor que lo soporta todo. Es una verdadera bendición estar unida en matrimonio a un siervo de Dios.

Mi récord ginecológico decía que yo era estéril. Nunca podría tener familia. Adoptamos a Gabriel, quien a los seis días de nacido, pasó a formar parte de nuestra familia. Hoy tiene 14 años. Poco tiempo después de haberme entregado al Señor, los hermanos oraron, imponiendo sus manos sobre mi vientre. Dios concedió el deseo de mi corazón e hizo el milagro en mí. Hoy, Gabriel tiene a una preciosa hermanita, Isabelle. ¡Gloria al Señor! ¡Él es fiel!

Las personas que nos conocían y sabían de nuestra decisión de dejar la farándula y la vida fácil de la bohemia, no nos auguraban un futuro muy promisorio. Habiendo experimentado los beneficios económicos que produce cantarle al mundo, ahora entrábamos en una época económicamente difícil. Esta perspectiva asusta a cualquiera. Cuando Jesús se encontró con el joven rico que quería seguirle, le dijo: «Anda, vende todo lo que tienes, y dalo a los pobres, y tendrás tesoro en el cielo; y ven, sígueme. Pero el joven, oyendo esto, se puso muy triste, porque era muy rico». Y rechazó la posibilidad de acumular riquezas en el cielo. Mi esposo y yo entramos a esta nueva etapa de nuestra vida con la fe y los ojos puestos en aquel Jesús. Y nada nos ha faltado. Dios es el

dueño del oro y de la plata y no dejará a sus hijos en vergüenza.

Después de la conversión de mi esposo, seguí clamando
por el resto de mi familia. El siguiente en rendir su vida a
Cristo fue mi hermano menor, Martín Quezada, pianista
del grupo. Su conversión fue tan milagrosa como la de Fausto. Dios lo libertó del vicio del alcohol, de las drogas, del
juego, del adulterio. Hoy está totalmente entregado a Cristo
y toca solo para Él. Su esposa e hija también se entregaron a
Cristo y en ellos se han cumplido también las palabras de
Josué: «Yo y mi casa serviremos a Jehová».

Rafael Vásquez, esposo de Millie y manager de la orquesta fue el siguiente, y aunque ya no está con nosotros
sino en la presencia del Señor es parte de los redimidos que
se nos han adelantado en disfrutar de las delicias inconmen-
surables que Dios tiene preparadas en las mansiones celes-
tiales para los redimidos. Mi padre, antes de morir, escuchó
y aceptó de mis labios el mensaje de salvación, y hoy está
también en la presencia del Señor.

El ministerio al que Dios nos llamó y que ha ido robus-
teciéndose con el paso de los días, se caracteriza por ser un
ministerio de adoración. Adoramos al Señor con nuestras
voces, con nuestro canto, con nuestras vidas. Nuestro testimonio, hablado, cantado o vivido, es una expresión de
nuestra adoración a Dios. Descubrimos que Dios busca
adoradores que le adoren en espíritu y en verdad, y nosotros
dijimos «sí» a su llamado. ¡Qué bendición trae a la vida adorar al Señor, en espíritu y en verdad!

En 1994 grabé mi primera producción cristiana,
«Heme aquí, Señor». En 1996 lanzamos la segunda, «En tu
presencia». La primera es un testimonio de lo que Dios ha

hecho en mi vida y en las vidas de los miembros de mi familia. En la segunda, adoramos más profunda e íntimamente a Dios. Este año, correspondiente a un nuevo milenio, Dios me bendijo con la tercera producción, «Maravilloso es Él». Quienes se den a la tarea de comparar esta música con la que acostumbrábamos interpretar con la orquesta «Millie, Jocelyn y los vecinos» comprobarán que entre una y otra hay un universo de diferencia. En lugar de cantar y tocar música caribeña para diversión y solaz de los sentidos, ahora ofrecemos música de alabanza y adoración a nuestro Dios, y para satisfacer las necesidades del espíritu. También hicimos público un video, «Jocelyn en vivo», grabado en un concierto en Puerto Rico. Allí, Dios y el Espíritu Santo se glorificaron maravillosamente mediante la ministración profética y la unción gloriosa de lo alto.

Dios me ha abierto puertas grandes para ministrar junto a ministerios consagrados como los de Marcos Witt, Marcos Barrientos, Claudio Freidzon, Carlos Anacondia, Miguel Cassina, Crystal Lewis entre otros. Nos ha llevado ministrando por diversas partes del mundo, como Argentina, Uruguay, Venezuela, Puerto Rico, República Dominicana y diversos Estados de la Unión Americana. En Colombia nos permitió ministrar durante cuatro días a más de 80 mil personas en un estadio de Barranquilla.

Soy completamente feliz. Me considero altamente privilegiada al servir y cantar al Señor. Conozco la vida en el espíritu y no la cambiaría por nada. Aquel vacío que me atormentaba en medio de los triunfos artísticos y económicos del pasado ya no existe más. Jesús lo llena todo en todo.

Seguimos ministrando junto a la gran familia de Dios y vemos cómo Él actúa, salvando y sanando. ¿Vendrán días difíciles? El enemigo está presto para destruir y estorbar el propósito de Dios en nosotros, pero «más fuerte es el que está en nosotros que el que está en el mundo». Cimentados en esa y en todas las demás promesas del Señor, vamos de victoria en victoria. Nuestra mirada está puesta en Jesús. Él es nuestra roca fuerte y la Palabra de Dios es nuestra garantía que Él siempre estará con nosotros. ¡Aleluya!

VIII

ONCE RESPUESTAS A ONCE PREGUNTAS CLAVE

Las once preguntas que se plantean a continuación constituyen quizás el núcleo de lo que creyentes y no creyentes quisieran saber sobre la vida cristiana. Las respuestas, solicitadas expresamente para este libro a distinguidos hombres de Dios, proveen la información suficiente para que se aclaren las dudas que pudiera haber.

QUÉ SON LAS SECTAS Y CÓMO ACTÚAN

Desde los tiempos más remotos, el hombre fue percibiendo de distintas maneras la presencia de Dios a través de los elementos que conforman la naturaleza. La lluvia, la luna, el sol, eran entre otros los componentes de una sucesión de manifestaciones divinas que alimentaban las necesidades espirituales de los seres humanos de aquellas épocas.

Si pensamos objetivamente en las posibilidades culturales y el medio primitivo en que se desenvolvían sus vidas, veremos que no estaban equivocados en el modo que planteaban su búsqueda de Dios con el afán de tener comunión con Él. Su intuición natural les hablaba de la existencia de una fuerza creadora, fuerte y poderosa, digna de ser adorada. Sin embargo, ese Dios al cual profesaban amor, temor y respeto fue cambiando paulatinamente de nombre, forma y especie al mismo tiempo que iba modificándose el coeficiente intelectual y cultural al ritmo que imponía el inexorable paso del tiempo. A partir de entonces, son innumerables las formas religiosas que históricamente han regido la fe y la creencia de los hombres. Desde los adoradores del fuego o hechiceros que invocaban a fuerzas misteriosas hasta los que en ritos salvajes sacrificaban animales y seres humanos. Con los años, han pasado las más diversas formas de buscar a Dios, pero los ciclos se van repitiendo. Basta mirar a nuestro alrededor, para darnos cuenta de los pasos agigantados con que ha avanzado la ciencia para preservar la condición humana; pero al mismo tiempo, vemos también cómo ha avanzado la decadencia espiritual, haciendo gala de un creciente desinterés y desprecio por lo honorable, lo recto, lo moral y de falta de amor hacia sus semejantes.

Hoy, a pesar de haber crecido en hogares aparentemente normales, hay personas que por ignorancia han caído en las garras del maligno, entrando a militar en sectas cuyo real fin es la aniquilación de los que las componen. ¿Qué son las sectas y cómo actúan? Responde el pastor Guillermo Prein:

La edición dominical del periódico argentino de mayor circulación en el país correspondiente al 7 de febrero de 1999 traía en su portada un título relacionado con los planes de una poderosa secta de establecerse en Brasil.

El título era el prólogo de una nota que se extendía por tres páginas, en las que integrantes de ese grupo hablaban de sus planes de control de las economías de los países y la fundación de 33 ciudades en un radio de 200 kilómetros.

De la interrelación económica de esas colonias surgirían los nuevos modelos para salir de las crisis económico financieras que el mundo moderno plantea.

Decían que formarían nuevos países dentro de los ya existentes y que a los jefes políticos de esos países se les llamaría «Presidente...» añadiendo el nombre de pila de la persona. Con esto esperan dar inicio a un nuevo orden mundial ideado por el supremo de esta secta.

Asombroso, ya que esto circula por los escritorios de muchos funcionarios destacados del mundo, incluyendo a varios presidentes de países, y que el ideólogo desea expandir cuán rápido le sea posible a toda Latinoamérica y luego al mundo entero, para lo cual cuenta con los servicios de un ex Presidente y notable político de los Estados Unidos de Norteamérica.

Pero mucho mayor es el estupor cuando llegamos a saber que el creador de esta secta nació en el seno de una familia presbiteriana.

¿Qué lo llevó a crear el movimiento que lidera? Entre otras creencias, que Jesús con su pronta muerte dejó inconclusa su tarea, por lo que Dios levantó un nuevo Mesías para finalizar la obra. Obviamente el elegido fue él.

Por esta causa se mueve en los niveles políticos y económicos más altos y con gran influencia, buscando la transformación de los pueblos bajo su tutela y dirección.

¿Cómo llegó a desarrollar esas doctrinas siendo que provenía del seno de una iglesia de claro mensaje bíblico y netamente conservadora en sus enseñanzas, como la Iglesia Presbiteriana?

¿Cómo logró con un mensaje tan claramente herético confundir y seducir a millones de adherentes en 182 países donde tienen presencia activa?

Evidentemente atribuir esta penetración y expansión solo a factores humanos o sociológicos no nos da la respuesta verdadera que nos ayude a entender este problema de los tiempos que corren.

Noemí y Nancy

Noemí, una mujer que se sentía vacía, que era golpeada por su esposo alcohólico, vivía presa del miedo. No tenía ayuda de nadie. Un día, recibió una invitación para asistir a un templo de una religión afroamericana.

Al entrar, le impresionó encontrar una imagen de Jesús con una leyenda que decía: *Todos los caminos conducen a Dios*. Esto le dio tranquilidad y poco a poco se fue internando en el mundo de esta secta, tanto que llegó a depender de ella para todo. Perdió su voluntad, su mente dejó de razonar mientras su vida familiar se destruía a la par de su salud y estabilidad emocional. La violencia aumentó en el ámbito de la familia. Presa de la desesperación, llegó a fumarse tres paquetes de cigarrillos por día. Con sus nervios a punto de estallar, sin poder hacerse cargo de su hijo, llegó a nuestra iglesia, donde fue liberada tras ser ministrada con amor.

Otra es la historia de Nancy, quien veía transcurrir su vida en forma normal, congregándose regularmente. Estudiante avanzada de la carrera de arquitectura, su futuro se presentaba lleno de posibilidades. Un día, su mamá concurrió a una iglesia donde el pastor a cargo le dijo que tenía especial interés en hablar con su hija. Ella concurrió a la cita. Allí el hombre le dijo que la estaban llamando para unirse con ellos. Bajo el temor de desobedecer el llamado de Dios, Nancy decidió dejar su iglesia y partió hacia su nuevo destino. Al principio todo aparentaba estar bien, pero con el correr de los días comenzó a notar la coerción sobre la vida de las personas que la rodeaban, llegando inevitablemente a su propia vida. Todo se realizaba bajo el influjo del temor. Amenazados con probables juicios divinos, debían conseguir todo lo ordenado por los dirigentes de este movimiento. Paulatinamente empezó a ver los estragos de la depresión aun en las personas que tenían mayor autoridad en el grupo. La presión se hizo cada vez más fuerte. Se hizo insoportable. Sin desearlo, Nancy fue quedando en una posición muy incómoda. Por su proximidad con los líderes, vivía todos los problemas y era a su vez testigo de lo que sucedía a su alrededor. Su vida se fue desgastando, abandonó sus estudios universitarios, su vida social se redujo hasta desaparecer, sus nervios y su personalidad quedaron tan afectados que no podía tomar la más mínima decisión. Un día, por insistencia de su hermano, retornó a la iglesia de donde se había retirado años atrás. El choque fue fuerte. Recibir el amor pastoral, la ministración de ternura y los toques de la presencia de Dios fueron remedio para su alma herida. Libre, hoy recuerda todo lo que vivió como una pesadilla.

Estas dos historias de vida, nos ilustran acerca de la realidad y las consecuencias de la problemática de las sectas. A su vez nos impulsan para que ministremos con autoridad obedeciendo la Gran Comisión que el Maestro nos encomendara (Marcos 16.15-18).

Comprender

Para poder comprender qué es una secta y cómo actúa es necesario no abstraernos del origen espiritual que tiene este tema. Una de las tendencias muy usuales en nuestros tiempos es hacer un análisis sociológico del tema, o un estudio bíblico teológico de las enseñanzas del mismo. Llegar a comprender qué es, cómo actúa, cómo crece y se expande una secta, sus creencias, fuentes de inspiración y fundamentos, no nos ayuda a prevenir ni a resolver los estragos que estas causan, y muchísimo menos a liberarnos y liberar a la gente que ha caído en sus gruesos tentáculos.

Dios nos ha dado poder y esta es la fuente que nos proporciona libertad y nos permite llevar a las almas a la perfecta liberación: la sangre de Cristo y su poder. Debemos acomodar lo espiritual a lo espiritual, entendiendo la identidad de las fuerzas que producen y sostienen a las sectas. Solo así evitaremos los dolores de ver las vidas destruidas por el accionar de estos flagelos, y libraremos a quienes viven cautivos en ellas.

¿Qué es una secta?

Etimológicamente, la palabra secta proviene del latín, y se refiere a una clase de personas, un grupo que siguen una misma escuela filosófica o modo de vida. Femenino de *sectus*, que es un participio pasivo arcaico de *sequi*; es decir, seguir, que en todas sus raíces, del latín *sequi* o del latín vulgar *sequere*, o del indoeuropeo *sekw*, tiene una gran lista de significados que van desde asociarse, sociedad, pasando por conseguir, consecuencia, designio, ejecución, enseñar, llegando a términos como perseguir, persignarse, resignarse, secuaz, secuela y secuestro.

De un estudio de la raíz de la palabra nace un poco de luz, pues básicamente una secta busca asociar gente, a la cual enseña, convirtiéndose luego en una persecución que lleva a las personas a resignarse y a estar espiritualmente en calidad de secuestrados. Veamos ahora la verdad espiritual de las sectas.

Quitar toda confusión

El diablo es imitador; por lo tanto, mucho de lo que se ve en las sectas confunde por ser similar, por no decir igual, a la labor que Dios, por medio de su iglesia, hace en la tierra. Enseñanzas donde el nombre de Dios está siempre presente, milagros y prácticas muy similares confunden y atrapan a muchos.

¿Cuál es la diferencia? ¿Cómo poder discernir entre una secta y la iglesia del Señor? La respuesta es muy simple: Por sus frutos. Así nos enseñó el Señor Jesús: *Por sus frutos los conoceréis...* (Mateo 7.16). Este pasaje de las Escrituras habla precisamente de los falsos profetas. La Palabra nos enseña que, *el ladrón [el diablo] no viene sino para hurtar, matar y destruir* (Juan 10.10); es decir, que el fruto que produce toda secta es la destrucción de las vidas que a ella se allegan. Pueden existir periodos donde todo es color de rosa, pero esto solo cumple el objetivo de capturar a la persona. Luego, los ataques son violentos.

Uno de los objetivos permanentes es el aislamiento de la persona, a tal punto que llevan a los individuos a una dependencia total de quienes son sus maestros o instructores. Esto dista enormemente de la enseñanza de la iglesia, cuya meta es lograr que cada persona sea *independientemente dependiente de Dios*; es decir, que pueda desarrollar una vida de comunión tan íntima con Dios hasta llegar a ser verdaderamente libre. Afecta positivamente las vidas, tanto que adquieren en Cristo personalidades fuertes, definidas, preparadas para enfrentar toda situación positiva o negativa de la vida.

Concluyendo, el diablo por medio de las sectas te oprime, sojuzga y controla. Ejerce su autoridad y dominio para controlar y destruir la vida de las gentes, anulando la personalidad y afectando negativamente el carácter, reduce al ser humano a ser un ente inerte. Todo lo contrario a Jesús, que te liberta.

Y conoceréis la verdad, y la verdad os hará libres (Juan 8.32).

Así que, si el Hijo os libertare, seréis verdaderamente libres (Juan 8.36).

El diablo imita las formas y los procederes de Dios porque es imitador desde el principio, pero su objetivo es hurtar, matar y destruir, así que por más que la imitación llegue a ser perfecta, los resultados son diametralmente los opuestos.

Vida y muerte. Así de simple. Debemos analizar los frutos, así conoceremos su procedencia.

Clases y estilos

Aunque el padre de todas las sectas y el objetivo de las mismas sea solo uno, existen muchas clases, diversas procedencias, diferentes estilos de ataque e influencia, algunas obscenamente satánicas, pero otras sutilmente diabólicas. Las unas fácilmente reconocibles; las otras, casi imperceptibles, pero ambas producen un daño brutal en las vidas de los hombres y mujeres que son capturados por ellas. Algunas se mueven en niveles intelectuales, o en el ámbito de los sentimientos, otras con experiencias sensitivas y milagrosas, habiéndolas también netamente volitivas.

Bíblicamente tenemos ejemplos, basta ver la fuerza intelectual que imprimieron los judaizantes para torcer, en el nacimiento de la iglesia, la doctrina básica de la redención con ideas y conceptos tan fuertes, que hicieron tambalear a los gálatas, a quienes San Pablo tuvo que exhortar con firmeza, haciéndoles reaccionar, pues habían retrocedido en la fe, siendo fascinados por estos espíritus inmundos. *¡Oh, gálatas insensatos! ¿Quién os fascinó para no obedecer a la verdad, a vosotros ante cuyos ojos Jesucristo fue ya presentado claramente entre vosotros como crucificado?* (Gálatas 3.1).

Aun llegaron a cegar al mismísimo apóstol Pedro, quien debió ser ministrado por Pablo con dureza. *Pero cuando Pedro vino a Antioquía, le resistí cara a cara porqwe era de condenar...* (Gálatas 2.11).

Algunas sectas son directamente inspiradas por Satanás, pero otras nacen en la misma iglesia cristiana, cuando el diablo logra infiltrar en alguien una gota de mentira en el mar de la Verdad que es el evangelio, adulterándolo y produciendo una incisión que culminará en una herejía, tras la cual se encolumnarán quienes inducidos por el error conformarán el nuevo grupo. Muchos movimientos sectarios nacieron así.

San Pablo enseña y advierte acerca de esto: *Estoy maravillado de que tan pronto os hayáis alejado del que os llamó por la gracia de Cristo, para seguir un evangelio diferente. No que haya otro, sino que hay algunos que os perturban y quieren pervertir el evangelio de Cristo. Mas si aun nosotros, o un ángel del* cielo, os anunciare otro evangelio diferente del que os he anunciado, sea anatema. Como antes hemos dicho, también ahora lo repito: Si alguno os predica diferente evangelio del que habéis recibido, sea anatema. Pues, ¿busco ahora el favor de los hombres, o el de Dios? ¿O trato de agradar a los hombres? Pues si todavía agradara a los hombres, no sería siervo de Dios (Gálatas 1.6-10).

La postura apostólica es clara. Si alguien, o un ángel venido del cielo, o él mismo, anuncia algo que se contradiga con la Palabra de Dios, queda descalificado. La Palabra juzga toda enseñanza, profecía y doctrina.

Otro caso muy ilustrativo lo encontramos en Éxodo 7.8-13 y es aquel en que los sabios y hechiceros de Faraón realizaron el milagro de transformar varas en culebras, imitando el milagro hecho por Moisés y Aarón. Esa es otra clase de operación satánica. Es interesante observar que no solo eran hechiceros, sino que además eran conocidos como sabios.

En nuestra sociedad moderna hoy, ya sea por curiosidad, por snobismo, por pseudocultura u otras variantes, la hechicería, la brujería, la adivinación y toda suerte de operaciones diabólicas tienen importante penetración en todos los niveles socioculturales, y en todas las edades. A cada uno atacan por medio de los señuelos más efectivos.

Poder temporal, dinero, curiosidad, conocimiento de lo desconocido, alcanzar objetivos deseados, descubrir el futuro, obtener la solución rápida de los problemas de la vida o ya sea simplemente por diversión, muchos son los que son alcanzados y trastornados por estos espíritus inmundos a través de las sectas.

Muchos cristianos no se atreven a considerar siquiera la

posibilidad de que las potestades del enemigo tengan facultades milagrosas. Tiemblan de solo pensarlo. Prefieren verlo como viejas historias bíblicas, que nada tienen que ver con la actualidad. Sin embago, en este tiempo no ha cambiado en nada el aspecto espiritual y el «modus operandi» del enemigo.

Los patrones siguen siendo los mismos, y ya sea por la razón, religión, mentira, opresión, seducción o el impacto de algún acontecimiento sobrenatural, el diablo sigue por medio de las sectas *cazando las almas al vuelo*, como nos lo muestra la Palabra de Dios en Ezequiel 13.17-23.

Es precisamente por esta batalla espiritual librada por las almas, que Dios nos ha dado poder sobre toda potestad del enemigo. *He aquí os doy potestad de hollar serpientes y escorpiones, y sobre toda fuerza del enemigo, y nada os dañará* (Lucas 10.19).

Como iglesia del Señor debemos despertarnos y combatir con las armas que Dios nos ha dado para vencer todo poder del diablo.

Nuestras armas

Para tener una mayor comprensión, veamos la revelación del Espíritu Santo por medio del apóstol Pablo en 2 Corintios 10.3-5: *Pues aunque andamos en la carne, no militamos según la carne; porque las armas de nuestra milicia no son carnales, sino poderosas en Dios para la destrucción de fortalezas, derribando argumentos y toda altivez que se levanta contra el conocimiento de Dios, y llevando cautivo todo pensamiento a la obediencia de Cristo...*

Este pasaje nos proporciona abundante luz sobre el tema que estamos tratando. En primer lugar, no debemos introducirnos en él con conceptos o estratagemas carnales, pues los espíritus inmundos saben manejarse en este ámbito con tal destreza que pueden confundir, atar y destruir al más inteligente y capacitado de los humanos.

No peleamos contra estos enemigos con argumentos o con palabras, ya que ningún éxito lograríamos. Vamos contra ellas con las armas espirituales. Con la revelación, con el discernimiento, ciencias, conocimiento, autoridad en el nombre de Cristo y demás dones del Espíritu destruimos todo poder diabólico que opera en los ámbitos espirituales, reprendiendo en el nombre de Jesús, echando fuera de nuestras ciudades, barrios, escuelas o casas todas las potestades demoníacas que conforman verdaderas fortalezas, y generan los argumentos que luego se transforman en sectas que apartan a las gentes del conocimiento de Dios.

Nuestro error habitual es tratar de luchar contra los argumentos con las verdades bíblicas, sin realizar la tarea de batallar espiritualmente.

Cuando logramos vencer con la verdad bíblica, la fortaleza levanta diez nuevos argumentos, quedando en una peor condición y con una triste realidad que nuestros esfuerzos, aunque valederos, son insuficientes.

Un caso testigo es el de la idolatría, tema tan claramente tratado en la Palabra de Dios y ampliamente predicado en nuestras tierras a través de los tiempos y en especial del último siglo, por todos los medios de comunicación, con argumentos y verdades irrefutables, pero que todavía sigue cegando a tantos millones. Tanto que inclusive en la actualidad no solo han aumentado la cantidad y variedad de los ídolos, los cuales tienen las más extrañas procedencias, sino que además, algunos que creen saber de las cuestiones espirituales han caído por diversas debilidades en las trampas que estos espíritus inmundos han soltado, proponiendo a la iglesia unirse o aceptar a los idólatras como un paso de unidad para ganarles. Y no solo no han vencido a los argumentos, y muchísimo menos a las fortalezas, sino que ahora, por coquetear con ellas por apetencias de poder, son víctimas de las mismas.

Recordemos que el mismo Señor Jesús antes de comenzar con su ministerio público, fue al desierto (Mateo 12.43-45), lugar donde según la Palabra moran habitualmente los espíritus demoníacos, y después de vencer al enemigo, comenzó a cumplir su misión proclamando: *El reino de los cielos se ha acercado.*

En cierta ocasión, llegó a nuestra iglesia una mujer de unos 45 años de edad, víctima de una depresión que los médicos habían diagnosticado como crónica e irreversible. Su condición era tan triste que arrastraba los pies al caminar. Su voluntad estaba totalmente doblegada. Llegó un día, y tras ser liberada de todos los espíritus demoníacos que la tenían atada, recobró su vitalidad y abandonó aquel penoso estado. Su madre y su tía, que eran instructoras en una secta que proclama que solo el Padre es Dios, negando la deidad de Jesús y del Espíritu Santo, al enterarse que su hija y sobrina concurría a una iglesia evangélica vinieron al rescate de ella. En el pasado, la hoy hermana había sido miembro de la misma secta.

Sabiendo lo que le esperaba, se refugió en la iglesia, y después de orar con y por ella, se quedó al culto. Al llegar a su casa, las dos ancianas fueron conducidas por una de sus hijas hacia el templo. Ambas participaron fastidiadas del culto en carácter de observadoras críticas. En el final, tras la invitación al altar, las ancianas llegaron después que un gran grupo de personas pasó al frente y, expectantes, se pararon atrás, donde el Espíritu Santo las tocó con su poder. Ambas cayeron al piso. Fueron transformadas y bautizadas por Dios, hablando en nuevas lenguas. Se levantaron siendo dos nuevas criaturas, salvas y con total entendimiento del plan de salvación y del error en que vivían bajo la secta de la cual eran miembros.

Las armas espirituales que el Señor nos ha dado son poderosas. Usémoslas.

Renuncia

¿Cómo salir de la influencia de una secta? Para muchos, esto se transforma en un problema insoluble; sin embargo, es maravillosamente sencillo cuando le damos lugar a la poderosa sangre de Jesús y nos basamos en la completa obra redentora del Señor en la cruz.

Dios es un caballero. Creó al hombre en libertad y lo respeta incondicionalmente; el diablo, por el contrario, usurpa el corazón, privando a la persona de toda libertad. Por esta causa, a través de las sectas, el enemigo de nuestras almas va tomando posesión del intelecto, los sentimientos y la voluntad de las personas, hasta reducir las facultades de sus víctimas a la mínima expresión.

Para salir de esta condición se debe renunciar a toda atadura espiritual que una a esa secta y dejar que el Espíritu Santo comience su tarea regeneradora, por medio de la sangre de Jesús que limpia y liberta. Renunciar a toda ligadura y entregar la vida a Jesús como Señor y Salvador es la única manera de alcanzar verdadera libertad espiritual.

La restauración de los destrozos producidos en el alma

de la persona, así como la reconstrucción de su carácter y personalidad demandan mayor cantidad de tiempo, esfuerzo y amor. Se debe sanar las heridas, reconstruir los tejidos de confianza de la persona, de la autoaceptación y autoestima, logrando que el amor pueda entrar en sus fibras nuevamente. Es clave la ministración de una iglesia sana que pastoree con amor y pasión a las almas. Dios ha llamado a su pueblo a batallar, nos ha dado poder, autoridad y armas para vencer, solo resta que la iglesia tome su lugar y enfrente todo poder de las tinieblas.

Alerta

Por todo lo expuesto, vemos dos puntos importantes que debemos cuidar en los días que vivimos. El peligro de las sectas está a nuestro alrededor, asechando, intentando capturar, si fuera posible aun a los nuestros. Por otra parte, muchos en nuestra sociedad están cayendo bajo sus garras. ¿Qué hacer ante esta realidad? ¿Nos recluiremos para tratar de defendernos? ¿O nos someteremos a la Palabra de Dios, saliendo con autoridad a destruir toda obra del diablo? Anhelo que estas palabras funcionen como un despertador para la iglesia del Señor. Dios nos ha ungido con poder. Usémoslo. Parémonos con autoridad.

Si tú has salido de alguna secta, tienes el poder y la autoridad del redimido, y si nunca has estado bajo la devastadora influencia de una de ellas, gozas del poder de la santidad. En ambos casos, tú tienes poder. Úsalo. Ora por tu iglesia para que ella se pare con autoridad y batalle. No lo hagas solo. Debemos entrar en el territorio del enemigo y deshacer las obras del diablo. Nuestra experiencia ha sido maravillosa. No sobre protegemos a la gente, criándola como plantas de invernadero, ajenas a todo ataque, sino que por el contrario les enseñamos a usar las armas que Dios nos ha conferido, las defensivas y las ofensivas, y los enviamos al mundo con una actitud agresiva contra todo poder de las tinieblas. Aun nuestros niños, los más pequeños, están en este plan y se han transformado en verdaderas amenazas para el enemigo. Los testimonios son asombrosos, fortaleciendo con vigor su propia fe y liberando a muchos de las cadenas con las que el diablo los había atado. Es un cambio de actitud y posicionamiento. Ya no son víctimas, sino poderosas armas en las manos de Dios. Ya no son atacados, atacan; ya no son esclavos sino libres y, aun más, libertadores. Comienza la tarea, y recuerda que el Redentor está contigo.

Hijitos, vosotros sois de Dios, y los habéis vencido; porque mayor es el que está en vosotros que el que está en el mundo (1 Juan 4.4).

Guillermo Horacio Prein empezó a ejercer el ministerio pastoral cuando aun estudiaba en el Instituto Bíblico Río de la Plata, de las Asambleas de Dios de Argentina. Es fundador del Centro Cristiano Nueva Vida diseminado actualmente por toda la ciudad de Buenos Aires. Casado con Graciela Giménez, tienen tres hijas.

POR QUÉ EL SER HUMANO BUSCA PROTECCIÓN EN AMULETOS, HORÓSCOPOS, SÍQUICOS, ETC.

¿Será posible que comenzando un nuevo milenio haya personas que busquen protección o solución a sus problemas matrimoniales, de soledad, de salud, de prosperidad, de tristeza, de depresión, consultando el horóscopo, el tarot, a los mal llamados síquicos, brujos, adivinos; usen alguna prenda de color rojo o un cuernito de marfil, cambien de posición los muebles de la casa, acudan a la numerología, se hagan leer la bola de cristal, usen ruda macho dentro del zapato, tomen un baño con distintas esencias o se hagan una limpia, cambien los colores de las habitaciones, usen piedras de cuarzo o tengan varias pirámides en la casa? Responde el pastor Guillermo Donamaria:

A lo largo de la historia, es evidente la búsqueda del ser humano de la amplia revelación espiritual ocultista, habiendo razones bien concretas que nos llevan a ella.

1. Necesidades y conflictos personales

Una mañana recibí una llamada telefónica. Un conocido estaba tratando de ayudar a su amigo de toda la vida. Su pregunta era: «Mi amigo ha logrado en la vida todo lo que ha querido, especialmente en el aspecto económico. ¿Cómo puedo ayudarle a salir de una depresión de la cual no parece tener salida y está buscando respuestas en la parasicología?»

Sí. Tenemos problemas. No podemos negarlo. Pareciera que la historia humana actual nos tiene enfrentados a un «juego paradójico», según el cual, a mayor confort, tecnología, placer, comodidades, cosas, cosas y más cosas, mayor es la realidad de una vida personal y familiar complicada, enfermiza y disfuncional.

La realidad es que todos estamos identificados con conflictos:

- Los famosos que han llegado a obtener algo que querían, pero que inexplicablemente parecen tener un triunfo hueco.
- Los olvidados, cuya existencia pide perdón cada día.
- Los ricos, que muchas veces en su búsqueda de más poder y bienes han perdido lo esencial de la vida y de la verdadera felicidad.
- Los pobres, cuya oración diaria y agradecimiento es por la sobrevivencia.
- Los religiosos, cuyo conocimiento y experiencia teórica es una realidad vacía de Dios.
- Los no religiosos, tratando de llenar su existencia con todo lo que la vida temporal ofrece.
- El adicto a las drogas y al alcohol, cuya dependencia le hace vivir una existencia cada vez más enferma.
- El joven, en su conflicto existencial de la compleja búsqueda de su identidad.
- El recién casado, en su difícil ajuste a vivir en pareja.
- Los padres, que luchan con una paternidad para la cual no fueron preparados.
- Los hombres y mujeres de la media vida, tratando de detener de alguna manera el paso del tiempo mien-

tras luchan con cambios físicos y emocionales propios de la edad.

- El adulto que comienza a perder el interés de vivir y se orienta más hacia la muerte que hacia la vida, encontrándose que, cuanto más pasa el tiempo, es más inmaduro y desajustado que el nieto que tiene ocho años.

- Tenemos más y más enfermedades físicas de diversos orígenes, que pueden hacer vivir a la persona que la padece una existencia muy difícil.

- La presencia de los complejos conflictos sicológicos de la actualidad, como la depresión en sus diversas formas, la angustia existencial, las enfermedades mentales.

- La necesidad de descubrir el sentido de la vida; es decir, ¿para qué estoy vivo? ¿Por qué estoy aquí? ¿Cómo tener una existencia más satisfactoria?

- Las pérdidas significativas rápidas, como la muerte de un ser querido.

Estas y otras muchas realidades del conflicto humano nos hacen ver la fragilidad de la vida. En la Biblia, el escritor de los Salmos decía: «Sepa yo cuán frágil soy».

Esta fragilidad nos lleva a buscar ayuda, respuestas, fuerzas, consuelo para seguir viviendo.

En medio de todo esto, el ocultismo en todas sus formas presenta una cara inteligente y ha salido a «competir con el mercado de las respuestas». El enfoque del mismo, en general es atractivo, inteligente, convincente y práctico. En otras palabras, si la esfera de cristal, la pulsera metálica, la pirámide que emite energía y todo el mercado de productos ocultistas pueden, de alguna manera, intervenir en el conflicto personal del ama de casa, del obrero de la fábrica, del profesional, del chofer del ómnibus, del maestro, del intelectual, ellos estarán dispuestos a probar sus resultados. En general, lo ofrecido es atractivo porque provee respuestas aparentemente rápidas, indoloras, sin mayor costo, sin renuncias personales ni necesidad de cambios. En defenitiva, si esto no funciona se probará algo de lo mismo por otra parte.

2. Ocultismo «al alcance de la mano»

Escuchaba un diálogo en la caja del supermercado. Ante la angustia de una clienta, la cajera le ofrecía probar con las energías de una pirámide que había recibido por correo.

A lo largo de la historia humana, el hombre ha sido atraído por el conocimiento espiritual de su existencia. Es que, en realidad, somos seres eternos con una existencia temporal en este cuerpo y en esta tierra, por una cierta cantidad de años. Luego de esta vida, viviremos en otra realidad y en otra dimensión llamada eternidad.

Este atractivo tema ha sido objeto de estudio e investigación por todas las vías posibles, siendo las conclusiones extraídas tan variadas como las frutas tropicales.

La segunda mitad del siglo XX conoció algo extraordinario, como es la expansión, en todas sus formas, del ocultismo histórico, colocándolo al alcance de la mano; esto es, explicando de una forma útil, práctica y sencilla, para que todos puedan acceder a él. De esta manera, el ocultismo recorrió un camino en forma vertiginosa, desde las selectas élites de meditadores profundos que pagaron un alto precio para descubrir las verdades ocultistas, hasta la cajera del supermecado que ha leído una literatura que le llegó por correo, junto con la compra de una piedra extraída de la selva amazónica, que por el solo hecho de comprarla le traerá felicidad (al menos es lo que le prometieron).

El ocultismo dejó su cara oscura, mística y peligrosa y se hizo «populachero». Para esto, en la actualidad, algunos métodos de mercado venden lo que no se hubiera podido vender en siglos anteriores. Se toma un medio masivo como la televisión, se busca una persona popular de renombre, como un actor o un cantante de moda para promocionar el «producto mágico» al alcance de la mano, se mencionan experiencias personales acerca de la manera en que el producto cambió sus existencias, les resolvió los problemas y les dio una vida plenamente realizada. La gente se lanzará a comprarlo, con la fascinación típica de las almas simples, sedientas de lo «bueno, bonito y barato».

En la segunda mitad del siglo XX, algunas influencias desde los Estados Unidos juntamente con el avance de la tecnología de los medios masivos, fueron facilitando el proceso para que las «verdades» ocultistas llegaran a todas las personas.

- El movimiento del potencial humano, como un movimiento humanista, desarrolló metodologías para que el ser humano cultive poderes que le den éxito, salud integral, evolución espiritual, poder mental, control de su vida, para llegar a ser un dios de su propia existencia. Muchas personas participaron para quitar barreras. Un famoso estadounidense, un hombre de negocios llamado Napoleón Hill estuvo seriamente conectado con el ocultismo, haciendo llegar su realidad a la productividad y el éxito del mundo de los negocios. Sus libros se vendieron por millones en el mundo entero. En cierta ocasión dijo, frente al éxito de todo lo que escribía: «Una y otra vez he tenido evidencias de que amigos invisibles flotan a mi alrededor, irreconocibles para los sentidos ordinarios. En uno de mis estudios, descubrí que existe un grupo de extraños seres que mantienen una escuela de sabiduría. Una noche, de una de esas entidades espirituales no corpóreas, escuché: "Te has ganado el derecho de revelar un supremo secreto a otros. Has estado bajo la guía de la gran escuela de sabiduría del cosmos, ahora tienes que dar una pauta al mundo"».

- El movimiento de la «Nueva Era» comenzó de una forma organizada en la década de los setenta, con un énfasis de encontrarse con las fuentes de la sabiduría ocultista, como un retorno a la vieja era de dioses y semidioses del pasado. Es un movimiento que mezcla «espiritualidad, superstición y moda»; que asocia a grupos religiosos, sectas, logias, hermandades, grupos científicos, profesionales de la educación, la sicología y la medicina, los gobernantes del mundo, etc. Su concepto básico de Dios, es que consiste en una fuerza energética que se encuentra en cada uno de nosotros, que hay que colocarla en funcionamiento para lograr ser como Dios. El objetivo es la búsqueda de la armonía humana, la unificación ideológica, el pacifismo, la unidad religiosa, la distribución alimentaria del planeta, etc., bajo el control de principios de vida, revelados por el ocultismo. Aun cuando los objetivos son aparentemente positivos, el logro final perseguido será la evolución del ser humano en independencia de Dios, construyendo un planeta bajo un gobierno mundial unificado.

- Diversos institutos de investigación, que se encuentran en cada esquina de la ciudad, han hecho un profundo impacto. El estudio de poderes sico-espirituales ha llevado al ser humano a experimentar con un ocultismo aparentemente positivo. Algunos ejemplos son: alterar los estados de conciencia para tener experiencias fuera de la realidad normal, el desarrollo de poderes psíquicos y energías para resolver problemas, experiencias místicas saliendo de la materia y del tiempo, etc.

- El ocultismo se hace práctico. Aquellas verdades conocidas por personas especiales (como chamanes, brujos y sacerdotes ocultistas) a lo largo de la historia, son explicados para que toda persona experimente su realidad. Un ejemplo de esto se encuentra en lo que se ha llamado visualización creativa. La visualización ha sido una técnica practicada por brujos, chamanes y sacerdotes ocultistas a lo largo de la historia, que consiste en usar la imaginación humana conectada con poderes y energías espirituales, para lograr lo que se quiera realizar en la vida. El uso actual de toda esta técnica tiene el objetivo de lograr amor, plenitud, felicidad, relaciones satisfactorias, cambio de la realidad, salud, prosperidad, etc.

En definitiva, el ocultismo en sus diversas formas, se nos ha hecho cercano a todo tipo de personas, tanto al ama de casa que procura salir de sus problemas, como al empresario que busca respuestas en síquicos para hacer mejores inversiones, al profesional que busca poderes síquicos para tener más influencia, al actor de televisión que se identifica con la última corriente de la Nueva Era, al joven que busca completar su existencia vacía con un agregado de misticismo o de juegos de computadora ocultista, al sufriente que busca escapar de su existencia difícil aprendiendo meditación trascendental, la peluquera que aconseja a sus clientes la lectura de ciertos artículos de revistas de contenido ocultista que supuestamente a ella le han hecho mucho bien. En fin, el ocultismo vive con nosotros la realidad práctica de cada día.

3. Avivamiento ocultista

Debemos ser realistas. Estamos inmersos en una espiritualidad universal, mística y ocultista. Cuando Jesús expresó, en referencia a su Segunda Venida a este mundo sufriente: «Miren que nadie les engañe», se refería justamente a este engaño ocultista inteligente de la actualidad, que imita y falsifica lo verdadero y lo presenta como una esperanza válida.

Algunos ejemplos revelan este avivamiento:

- Multitudes de personas quieren entrar en contacto con el ocultismo, cualquiera sea la forma del mismo.
- En los medios masivos hay una verdadera invasión de todo tipo de fenómenos, experiencias y explicaciones ocultistas.
- Los «famosos de la ilusión», como conductores de programas, actores, actrices, etc., manifiestan y testifican de las bondades de pertenecer a tal o cual creencia, grupo o práctica ocultista, animando calurosamente a las personas que los ven y escuchan a que

practiquen lo que a ellos supuestamente les dio resultado.

- Líderes de todo tipo de confesiones ocultistas están enseñando por todos los medios masivos, influyendo a la gente para practicar las verdades enseñadas.

- Las religiones orientales han llenado el vacío espiritual creado por la religiosidad de occidente, viéndose más y más las familiares figuras de gurúes y sacerdotes que tienen un espacio definido en el corazón y mente de demasiada gente.

- Hay una importante cantidad de instituciones que brindan seminarios, talleres de instrucción para enfrentar todo tipo de problemas, desde problemas de salud, reducción del stress, métodos de adelgazamiento, dejar de fumar, felicidad sexual, plenitud en la adultez, etc., etc., abarcando todos los aspectos de la vida humana.

- Se ha perdido el temor al ocultismo. Lo que durante la historia humana fue temido, hoy es abrazado con avidez. El mundo demoníaco está siendo considerado como una sabiduría e inteligencia superior y los demonios como maestros positivos, cuyas enseñanzas son supuestamente de beneficio para la humanidad.

- Los demonios son considerados como «espíritus guías» a los cuales se puede recurrir buscando dirección para la vida.

- La enseñanza ocultista de la actualidad abarca temas como Dios, el amor, la paz, revelaciones espirituales, la armonía familiar, la prosperidad humana, enseñanzas que confunden a la gente, ya que no se espera que el ocultismo enseñe sobre estas cosas.

- Bajo el concepto de mente abierta («open minded») hoy se acepta todo tipo de verdad espiritual (misticismo indígena, visualización, cultivo de poderes síquicos, meditación ocultista, etc.)

4. Identidad espiritual confusa

Probablemente una de las características evidentes de la vida actual es la confusión, donde no se sabe exactamente qué es la verdad, quién es la verdad o quién tiene la verdad.

La Biblia dice que en una etapa de la vida del pueblo de Israel, en el año 1300 a.C., en que se establecieron en la tierra que habían conquistado, «cada uno hacía lo que bien le parecía». Esta vieja tendencia ha vuelto a la actualidad, donde cada uno quiere tener su propio manual para la vida, su propio dios, su propia razón, ya sea que encaje o no con la verdad.

El pensador inglés Samuel Johnson dijo que si hay tanta falsedad en el mundo, no es tanto por la mentira intencional como por el descuido de la verdad.

Al comienzo de Génesis, la Biblia muestra que la confrontación directa de Satanás con los primeros seres humanos, Adán y Eva fue de engaño. La promesa era que si ellos se independizaban de Dios, iban a llegar a ser como el mismo Dios. De esta manera, ellos supuestamente podían llegar a ser los amos de su propia existencia, controlándola como quisieran, sin tener que sujetarse a Dios como el Creador. Esto que aparentemente era tan bueno, fue una tragedia para la raza humana.

Algunos ejemplos sobre la confusión espiritual actual:

- La imitación de la verdad revelada por Dios en la Biblia es el eje del ocultismo. En la actualidad, millones de personas han sido hechas adictas al engaño y a la mentira espiritual, atrayéndoles más la imitación que lo verdadero. Jesús dijo que «el diablo es mentiroso y padre de toda mentira» (Juan 8.44).

- Todo es relativo. No se aceptan verdades absolutas, abriendo esto un gran campo de verdades-erróneas que se aceptan sin mayor resistencia. De alguna manera, si se descubre un camino fácil para experimentar «bendiciones de los dioses», el ser humano se lanzará a la búsqueda de esta seudo experiencia espiritual.

- La búsqueda y experimentación en otras verdades espirituales.

- Dios ha sido definido de nuevas maneras y formas, imitado y confundido por el ocultismo actual.

- Los dioses buscados en la actualidad son aquellos a los cuales se los pueda manipular, dioses amorosos y misericordiosos, sin mayores reglas ni exigencias para la vida, a la vez que estén dispuestos a beneficiar al ser humano en todo cuanto se les pida. La ingenuidad y la ignorancia de los que buscan son clave para esto.

- Lo bueno y lo malo tienen nuevas definiciones, siendo lo bueno no tan bueno y lo malo no tan malo.

- Vivimos en un mundo de alternativas, donde cada persona quiere seguir su propia verdad, su propio manual para la vida, al punto que si el Dios de la Biblia no se ajusta a los deseos e inquietudes personales, la gente buscará otras revelaciones espirituales. Queremos cambiarnos, gobernarnos a nosotros mismos, controlarnos como queremos y el ocultismo inteligente actual puede colaborar en todo esto.

- La gente quiere «verdades espirituales prácticas» y dioses que encajen con esas verdades, transformándose en un consumidor del dios elegido.

- No hay tiempo de esperar. Tanto el ama de casa como el ocupado profesional quieren «dioses de acción instantánea». Se procura creer verdades que sean aplicadas en este minuto y que funcionen resolviendo todo en el próximo minuto. Lo instantáneo no solo funciona para el comercio, la alimentación o para algo placentero de la vida, sino que tiene un gran lugar en la vida espiritual en el día de hoy.

- Lo mágico ha ocupado el lugar de lo real. Un niño pequeño tiene dificultad para separar la fantasía de la realidad, pero se espera que con el crecimiento y la madurez de su vida pueda identificar claramente la realidad y separarla de la fantasía. Sin embargo, el ocultismo coloca al ser humano en una revelación mágica y mística que cada vez más va absorbiendo a la persona de la realidad. Como ejemplo, el pueblo hebreo bajo el reinado del rey Joroboam había fabricado un par de becerros de oro al cual adoraban. Cuando el pueblo dejó a Jehová, su verdadero Dios, cambiándolo por los becerros fabricados, ellos creían sinceramente que Dios no era el becerro que habían creado, pero que Dios montaba en él. Luego, las fantasías continuaron, hasta que al fin llegaron a prostituirse y aun a sacrificar a sus hijos pequeños, quemándolos vivos en ofrenda a sus dioses.

- La búsqueda del mago de la lámpara de Aladino no ha muerto en la humanidad actual, sino que ha resucitado con un gran poder.

- Las experiencias síco-espirituales cercanas a la muerte, o de separar el alma del cuerpo, las visitas a un supuesto cielo de paz y plenitud espiritual han reinterpretado las verdades de la Biblia sobre el cielo y el infierno, dando a la gente la posibilidad de creer en el más allá de una manera positiva, sin tener la necesidad de aceptar las verdades de la revelación bíblica.

- El querer vivir una vida plena con la ayuda del ocultismo. Esto indica el deseo de buscar y tener todo el placer que se pueda. Mucho del ocultismo actual, quiere brindarle al ser humano ondas positivas, energías creadoras, armonía familiar, paz cósmica, integración sico-espiritual, armonía con la naturaleza, prosperidad, sanidad, belleza, control de otras personas, poderes mentales, experiencias gratas.

- El fracaso de lo conocido. Debemos aceptar que todo lo conocido en este siglo ha fracasado para darle al ser humano una mejor existencia. En todo esto podemos mencionar: la religión organizada, la ciencia y la tecnología, los medios masivos con sus fantasías, el materialismo, la medicina, los gobiernos. Frente al fracaso de lo externo, el ocultismo inteligente actual procura darle al ser humano una experiencia interna de vida que pueda ser satisfactoria y realizadora, aun cuando el mundo exterior no sea satisfactorio.

- La confusión de la religión. El ocultismo ha invadido, de una manera fina e inteligente, a todo el sistema religioso humano actual. Esto ha afectado a grupos cristianos como seudocristianos o no cristianos en general, brindándoles a los participantes la posibilidad de participar de su religión a la vez que creer y practicar las doctrinas o experiencias espirituales provistas por la orientación ocultista adoptada.

- La realidad final es que toda forma de revelación ocultista procura separar al ser humano de la comprensión de su relación con Jesucristo como único Dios, Mesías, Salvador, Señor y Vida. De esta manera no solo la vida presente sino la realidad de la eternidad sin Dios será la experiencia que vivirán los que no han conocido a Jesucristo en esta vida, de acuerdo con la revelación de la Biblia.

5. Formas de la revelación ocultista actual

La amplitud que tiene la revelación ocultista actual es realmente sorprendente, siendo un mercado muy bien provisto para traer un «engaño satisfactorio» a personas de toda edad, país y cultura. Aun cuando tiene el mismo fondo, hay una gran variedad de caras y presentaciones que atrapan, seducen y confunden.

Algunas de sus formas son explícitas y groseras, en cambio otras se presentan como atractivas e inteligentes, dado que Satanás, el creador de todo este sistema, es «un genio del disfraz», teniendo una gran capacidad de disfrazar la mentira, haciéndola aparecer verdadera y necesaria.

- A través de los medios de comunicación masivos, hay una infinidad de producciones para el cine, videos y televisión con temas de demonios y fantasmas, películas de terror moderno, que están entre las más consumidas. El canal MTV en los Estados Unidos es una institución que modela e influencia seriamente al joven en temas oscurantistas trayendo a sus vidas una gran variedad y tipos de conflictos emocionales y mentales que les predisponen a una mayor búsqueda de lo oculto.

• Una importante y variada producción musical actual ha tenido un profundo impacto negativo en la vida de los jóvenes, enfocando y distorsionando temas como el sexo, la violencia, las drogas y el satanismo explícito. La realidad es que todo esto ha hecho que la maldad esté de moda en la juventud, experimentando un profundo cambio de valores que les facilita una búsqueda sin barreras de lo oculto.

• Juegos «inocentes» para niños y adolescentes, como la tabla Ouija, el movimiento de la copa y una gran variedad de juegos de computadoras como «Calabozos y dragones» («Dungeon and Dragons») son medios comunes de introducción a lo oculto, por la profunda adicción que crean.

• Productos del *marketing* como cristales (poderes de sanidad y fuerza), pirámides, esferas de energía, amuletos, pendientes, talismanes, productos medicinales, estatuas libres para el consumo de cualquiera persona. La literatura a través de libros, música y videos de la Nueva Era se venden de tal manera que están generando ganancias billonarias a sus productores.

• Aprendizaje de experiencias espirituales ocultistas: búsqueda de la revelación de espíritus guías (contacto directo con demonios, generalmente a través de sesiones dirigidas), cartomancia (cartas tarot de adivinación), astrología (interpretación de la influencia de las estrellas en la vida de las personas), levitación de objetos o personas, lectura de manos, sesiones de espiritismo, adivinación, clarividencia (la capacidad de ver mentalmente objetos más allá del tiempo ordinario), telequinesia (movimiento de los objetos mediante el poder mental).

- Experiencia síquico-espirituales a través de síquicos, médiums y adivinos (tanto charlatanes como auténticos) para introducirse al conocimiento de la percepción extrasensorial (percibir eventos fuera de los sentidos ordinarios) necromancia o contacto con muertos para descubrir secretos de eventos pasados o buscar orientación para el futuro), reencarnación, separación del alma del cuerpo.

- La invasión del ocultismo en las escuelas de nivel básico, especialmente en los Estados Unidos incluye técnicas arraigadas en el misticismo oriental y redescubiertas por la Nueva Era. Algunos complicados procedimientos incluyen la imaginación dirigida, la educación confluente (que conduce a los niños a creer que son divinos y perfectos) la meditación oriental, la programación neurolingüística (para reducir el stress y aumentar la productividad mental).

- Ocultismo científico, investigando fenómenos paranormales, parasicología, astrología, metafísica, experiencias de trance espiritual, desdoblamiento del alma (separación del alma del cuerpo), sanidad física desde el ocultismo.

- Ocultismo filosófico en toda la expresión de la Nueva Era y el movimiento del potencial humano, llevando al hombre a ser un dios de su propia existencia. Esto implica aprender, en teoría y práctica, las profundas revelaciones de poderes, energías y experiencias místicas para brindar poder mental, realización humana, poder económico, control sobre otros, en un ocultismo científico que abarca al mundo profesional, empresarial y político de nuestro tiempo.

- Ocultismo evidente y grosero como la brujería, expresada como magia negra o blanca (rituales, ceremonias y sacramentos ocultistas), vudú, espiritismo, adoración satánica directa en religiones organizadas como la Iglesia de Satanás, hechicería, santería.

Guillermo Donamaria es consejero cristiano profesional y médico siquiatra y terapista familiar graduado en su país natal, Argentina. Fundó junto con su esposa Angélica Donamaria la Asociación de Consejeros Cristianos, de la cual es director en América Latina. Reside actualmente en East Chicago, Indiana. Tiene dos hijos.

QUÉ ES EL ESPÍRITU, EL ALMA
Y LA VOLUNTAD

Si hay cosas que son difíciles de definir especialmente para aquellos que desconocen el tema, son estas tres palabras: espíritu, alma y voluntad. Si las tres juntas actúan en forma desordenada, terminarán en fracaso. Si una acude en ayuda de la otra ordenadamente, el fracaso se transformará en victoria, y la victoria se tornará en una vida feliz. Pero mejor veamos la explicación que nos da un experto en la materia. Responde el pastor Alberto Delgado:

El apóstol Pablo nos dice: *Porque según el hombre interior, me deleito en la ley de Dios; pero veo otra ley en mis miembros, que se rebela contra la ley de mi mente, y que me lleva cautivo a la ley del pecado que está en mis miembros* (Romanos 7.23).

Según Pablo, el ser humano está compuesto de dos hombres: uno exterior, que es el que sabemos que está ahí, cuyos miembros se rebelan contra la ley de Dios y quiere funcionar de acuerdo con la naturaleza terrenal, la cual en sí está hecha acorde con nuestro cuerpo, del polvo de esta tierra; y también hay un hombre interior, al cual encontramos en el pasaje de Romanos 7.22.

El hombre interior se deleita en la ley de Dios y el hombre exterior no se deleita en la ley de Dios sino que se deleita en lo que el mundo ofrece, en el medio ambiente en el cual vive.

Así que hay un hombre interior, esto está establecido en las Escrituras; así lo declara Pablo y eso nos lleva a pensar que ese hombre interior es el alma o el espíritu.

Hay personas que piensan que ese hombre interior es el alma, y otros que es el espíritu; aun hay otros que dicen que el alma y el espíritu son una misma cosa. Esto ha causado diferentes controversias, sin embargo la Biblia es muy clara en esta área.

Hay grupos religiosos no cristianos que creen que no hay espíritu, excepto el Espíritu de Dios, que es el único espíritu que existe; sin embargo, esto es totalmente falso. Por ejemplo, en el Evangelio de San Mateo, capítulo 12, versículo 43, podemos ver que hay otros espíritus, además del Espíritu de Dios. Dice: *Cuando el espíritu inmundo sale del hombre* [el Espíritu de Dios no es un espíritu inmundo] *anda por lugares secos, buscando reposo, y no lo halla. Entonces dice: Volveré a mi casa de donde salí* [en otras palabras, regresar al hombre] *y cuando llega, la halla desocupada, barrida y adornada. Entonces va, y toma consigo otros siete espíritus peores que él, y entrados, moran allí; y el postrer estado de aquel hombre viene a ser peor que el primero.* Esto nos enseña que a veces el hombre puede tener una alta influencia demoníaca, la cual necesita una intervención; en otras palabras, un tipo de liberación para que ese espíritu suelte a esa persona; sin embargo, cuando se hace esa intervención de liberación en la persona, esta debe dar un paso y rendirse a Cristo y permitir que Dios le llene su vida. Si no lo hace así, el espíritu, el cual quiere regresar a esa casa de ese hombre, si la encuentra barrida y limpia pero sin nadie que la habite, va a regresar y va a regresar con otros siete espíritus.

En fin, el punto básico de esta enseñanza es que hay más de un espíritu, no solo el Espíritu de Dios es el que existe. Ya vemos que hay otros espíritus que no son de Dios y que son inmundos.

Además, la Biblia también nos enseña que el hombre posee un espíritu, un espíritu humano. En la primera epístola de Pablo a los corintios, capítulo 2, versículo 11, nos dice la Escritura: *Porque, ¿quién de los hombres sabe las cosas del hombre, sino el espíritu del hombre que está en él? Así tampoco nadie conoció las cosas de Dios, sino el Espíritu de Dios.* La Biblia establece aquí que el hombre posee un espíritu. Sí hay un alma, y ya vimos que el hombre posee un espíritu, pero estos dos no son lo mismo.

En la primera epístola de Pablo a los tesalonicenses, capítulo 5 comenzando en el versículo 22, dice: *Absteneos de toda especie de mal. Y el mismo Dios de paz os santifique por completo; y todo vuestro ser, espíritu, alma y cuerpo, sea guardado irreprensible para la venida de nuestro Señor Jesucristo.* Es la oración de Pablo que el Dios de paz nos santifique por completo; es decir, en nuestra totalidad y continúa diciendo de qué está compuesto nuestro ser «espíritu, alma y cuerpo» (nótese que los separa). Aquí vemos que el alma y el cuerpo no son lo mismo ya que Pablo los separa y declara que nuestro ser está compuesto de tres porciones, al igual que Dios es trino (Padre, Hijo y Espíritu Santo) nosotros somos trino (espíritu, alma y cuerpo).

Ahora bien, ¿qué somos nosotros en sí? Dios nos hace igual que Él es, nos crea, por lo tanto nosotros somos creados por Dios. ¿Cómo nos crea? Al igual que creó las plantas, los animales y todo lo que existe; sin embargo, de nada de lo que creó dice lo que establece en Génesis 1.26: *Entonces dijo Dios: Hagamos al hombre a nuestra imagen, conforme a nuestra semejanza.*

Así que, nada de lo creado, ni aun aquello que tenía vida, Dios lo crea a su imagen y semejanza, excepto el hombre, quien fue creado como Dios es. ¿Y cómo es Dios? ¿Qué es Dios?

El Evangelio de San Juan nos da una luz en esta área. En el capítulo 4 y versículo 24 nos dice: *Dios es Espíritu; y los que le adoran, en espíritu y en verdad es necesario que adoren.* Aquí el apóstol Juan está estableciendo que Dios es un espíritu y si Dios nos hizo a su imagen y semejanza, entonces quiere decir que somos hechos o creados igual que Él es, nosotros también somos espíritu.

Entonces, ya está establecido y es clara la Escritura que el alma no es lo mismo que el espíritu y el espíritu del hombre es en realidad el hombre interior, la verdadera persona. El espíritu es el que cuando cesa la existencia en este globo terráqueo, se condena o se salva. Tú eres quien va al infierno o va al cielo, y tú eres espíritu, así que es tu espíritu, el hombre interior, el que va a ir a vivir con Dios o con el diablo para siempre. La verdadera persona es el espíritu.

Ahora bien, hemos establecido que hay un cuerpo que reacciona a través de nuestros cinco sentidos, el cuerpo terrenal que Dios nos ha dado y que nos hace funcionar en este planeta. Nosotros no somos animales, pero nuestro cuerpo es parecido al cuerpo animal. Es un cuerpo terrenal porque funcionamos en esta tierra y para poder funcionar en ella necesitamos este traje carnal (de carne).

Pero nosotros, de acuerdo con la Biblia, regresaremos a nuestro Creador y este «traje espacial» como yo le llamo, quedará atrás y nosotros saldremos de él y regresaremos a nuestra verdadera dimensión que es la dimensión espiritual, y ahí viviremos con Dios o con el diablo, ya sea en el cielo o en el infierno, y a donde entremos será para siempre, porque ya después que regresemos a nuestra dimensión no hay salida.

Ahora, ya sabemos y hemos establecido que nuestro cuerpo que funciona a través de nuestros cinco sentidos actúa de acuerdo con lo que ve, lo que siente, lo que huele, lo que oye, lo que gusta; sin embargo, nuestro espíritu no reacciona a lo que nos rodea sino que reacciona a la Palabra de Dios, y aunque nosotros al vivir aquí en este planeta temporalmente tenemos que funcionar a través de nuestros cinco sentidos, Dios declara que el ser sensible a Él es de suma importancia, porque no siempre lo que nosotros sentimos o percibimos con nuestros sentidos es provechoso para nosotros; sin embargo, todo lo que el Señor nos dirige o guíe a través de nuestro espíritu es siempre ventajoso para nuestras vidas.

Vemos que nuestro espíritu está en una posición no en sí encerrado, pero está rodeado de este «traje espacial», este cuerpo carnal el cual funciona, a través de los sentidos, a las situaciones y a las circunstancias.

Pero, ¿qué es el alma? ¿Qué es la voluntad? En realidad, la voluntad es parte del alma. La palabra griega para alma es *psuche* (se pronuncia *suckei*). El *psuche* está dividido en tres porciones. Ahí se encuentran nuestras emociones que son nuestros sentimientos, nuestro intelecto que es nuestra mente y nuestra voluntad, donde nosotros hacemos decisiones. La decisión es como un juez que está esperando que las emociones y el intelecto establezcan su caso, entonces la voluntad hace un veredicto de qué es lo que vamos a hacer.

En realidad, el alma es la que controla nuestra existencia en esta tierra. El alma nunca se separa del espíritu. La Escritura deja ver claramente en muchas ocasiones de que aun fuera de esta tierra nosotros recordamos cosas pasadas y también sentimos diferentes emociones, dolores y angustias, etc. Esto lo podemos ver en el Evangelio de San Lucas, en la historia del hombre rico y el hombre pobre llamado Lázaro. Lázaro era un hombre pobre que comía de las migajas que caían de la mesa del hombre rico, pero el hombre rico no quería darle ni eso a Lázaro, y cuando los dos murieron uno fue al seno de Abraham y el otro al infierno, los dos podían recordar, y los dos podían sentir. Y el rico en el infierno estaba siendo atormentado y recordaba a sus hermanos.

Así que el alma acompaña al espíritu, al hombre interior a donde vaya. El alma siempre va a estar adherida al espíritu aunque no son lo mismo. La herramienta que el alma utiliza es nuestro cerebro ya que es la parte física en la cual el alma puede exponerse o proyectarse. Cuando nuestro cerebro falla debido a un trauma, a un golpe, a un problema físico o cualquier otro tipo de situación, nuestra alma no puede manifestarse, pero siempre está ahí.

Como lo expresé anteriormente, el alma es la que controla. Mientras Cristo no está en el corazón del hombre, el espíritu, el hombre interior, la verdadera persona, está muerta. Esto no quiere decir que no exista. Bíblicamente, muerte espiritual quiere decir separación de Dios. Dios es la vida. A la verdadera vida se la conoce como la vida eterna. Es una verdadera vida porque una vida eterna es una vida real, una vida que nunca termina. El hombre no posee esa vida, por eso es que está muerto. Eso no quiere decir que haya posesión satánica, ni que haya demonios en él, sino que simplemente quiere decir que la naturaleza de Dios no está en este hombre interior, no está en ese espíritu.

Al no tener la vida de Dios, el hombre interior no puede proyectarse ni funcionar. El alma responde exclusivamente a los cinco sentidos, los miembros, la carne. El hombre exterior es el que gobierna con sus deseos, sus pasiones, sus temores, etc. Todo lo que podamos percibir con nuestros cinco sentidos, lo que sea mejor para nosotros, así funcionamos. Entonces nuestro intelecto y emociones controlan nuestro ser y, por ende, nuestra voluntad hace decisiones de acuerdo a los deseos de la carne, pero cuando llegamos al punto o al momento de recibir a Cristo como Señor y Salvador y el espíritu del hombre se vivifica, recibe vida ya que Cristo es la vida.

El Señor declara: *Yo soy el camino, la verdad y la vida*. Jesús de Nazaret es en sí la vida de Dios, y nosotros, al recibir a Cristo en nuestros corazones, como Él es la vida de Dios, eso hace que nuestro espíritu viva, el cual antes moría. Ahora nuestro espíritu está vivo y quiere comenzar a gobernar. A pesar que nunca ha gobernado antes, el alma está ahora en una situación diferente a la que tenía. Antes, el espíritu no influía sobre el alma y el alma entonces hacía decisiones egoístas, decisiones de celos, decisiones toalmente de provecho a la carne. Pero ahora el espíritu vivo, lleno de la Palabra de Dios quiere gobernar, y entonces vemos una situación en la que el alma está en el medio y el alma es la que va a hacer la decisión. Por eso es que hay muchas personas que aunque en realidad se han convertido al Señor, a veces vemos que caen y cometen errores con frecuencia, y es porque aun el alma está siendo altamente influenciada por la carne, la cual aun continúa con nosotros y el espíritu aun no ha podido fortalecerse lo suficiente para controlar la mayor parte de nuestros caminos. Esto lo podemos ver en la primera epístola del apóstol Pablo a los corintios, capítulo 3, versículos 1 y 2.

Nosotros seguimos haciendo decisiones con nuestra voluntad, pero nuestra voluntad hace decisiones de acuerdo a lo que establecen las emociones y nuestro intelecto. Por eso la epístola de Pablo a los romanos, capítulo 12 versículo 2, dice: *No os conforméis a este siglo, sino transformaos por medio de la renovación de vuestro entendimiento.* Aquí Pablo les está hablando a cristianos, a personas que ya han recibido a Cristo, pero les dice que no porque hayan recibido a Cristo, porque ahora tengan la vida de Dios en ellos, deben conformarse a seguir viviendo como antes, simplemente esperando ir al cielo y vivir con Dios para siempre; que no se conformen a que la carne siga gobernando, que hay un espíritu en ellos que quiere gobernar, sino que dice que se transformen por medio de la renovación de su entendimiento. Está hablando de la mente, la cual es importantísima porque la mente es la que recibe información. Nuestro intelecto tiene que ser renovado. Nuestra mente tiene una información antigua que empezamos a recibir desde la cuna, pero ahora Dios a través de la Santa Biblia, a través de su Palabra, nos está dando una nueva explicación de la vida y un nuevo método de cómo funcionar en ella. Entonces, lo que nos quiere decir aquí el apóstol es que tenemos que renovar nuestro entendimiento y no conformarnos a que la carne siga gobernando. Ahora es el espíritu el que quiere gobernar. Ahora hay algo mejor para nosotros.

Así que esa alma, esa mente, tiene que empezar a recibir nueva información. Tenemos que someter esas emociones al Señor y no permitir que simplemente lágrimas o lástima, o cualquier otro sentimiento nos gobierne. Tenemos que darnos cuenta que lo que dice Dios es lo que es provechoso no solo para nosotros, sino para todos aquellos que nos rodean, aunque no lo comprendamos en un momento específico. Y al seguir renovando nuestra alma, llegamos a un nivel en que nuestra mente cambia todo el grupo informativo que ha sido establecido en ella. Ahora ya no será un obstáculo para que nuestro espíritu pueda gobernar y poder someter, como la Escritura dice y nos enseña y nos aconseja, los deseos de la carne. Estos se someten a medida que nuestro espíritu comienza a crecer, a madurar y nuestra alma empieza a permitir al espíritu que gobierne porque en realidad siempre el alma es la que va a hacer la decisión final.

Entonces, vemos que la diferencia es básica. El espíritu es la verdadera persona, el hombre interior. El alma está compuesta del intelecto o la mente, las emociones o sentimientos. Y la voluntad que es donde hacemos decisiones. El cuerpo es simplemente un traje que Dios nos ha dado y que algún día dejaremos atrás y nos moveremos hacia el lugar al que en realidad pertenecemos.

Es el sentir de Dios que todos seamos salvos y que lleguemos al conocimiento de la verdad; sin embargo, nosotros tenemos características de Dios; no solo somos como Dios desde el punto de vista de que somos creados como espíritus como Él es, sino que tenemos características de Dios en nosotros también. Una de ellas es el libre albedrío, y aunque Dios desee que todos seamos salvos y lleguemos al conocimiento de la verdad, eres tú quien tiene que escoger.

Si quieres vivir con Dios para siempre o no, y si algún día decides que esto es lo que quieres hacer, ábrele tu corazón a Cristo y el Señor va a entrar porque Él está tocando a la puerta de tu corazón y quiere que vivas con Él para siem-

pre. Y no es solo vivir con Él cuando nos muramos y vaya-
mos al cielo, sino ahora.

Cristo es un Dios vivo, es un Dios de ahora y un Dios
que quiere darte muchas bendiciones. Quiere darte salud,
quiere prosperar tu vida económica, quiere unir tu familia y
darte gozo y paz. Sin embargo, solo haciendo las decisiones
correctas podemos llegar a ese nivel. Escoge a Cristo y esco-
gerás vida.

Alberto Delgado es pastor de la iglesia «Alfa y Omega» de
Miami. Antes de asumir este ministerio pastoral, llevó a
cabo una intensa labor misionera en países de Centroamérica, México y el Caribe. Combina su pastorado con trabajo
evangelístico a través de la radio y la televisión. Con su esposa Mariam tienen dos hijos.

QUÉ ES EL PECADO Y CUÁLES SON SUS CONSECUENCIAS

Desde niño aprendí que el pecado es la desobediencia a los mandatos de Dios; o sea, a sus mandamientos. Escuché hablar del pecado venial, del pecado capital y del pecado mortal. Y he leído explicaciones múltiples de lo que significa el pecado y cómo incide con el tiempo en quienes lo practican. En síntesis, el pecado es hacer lo indebido, pues esta transgresión puede tener consecuencias terribles. Y si no, demos una ojeada al mundo desde su creación hasta la época actual y comprobaremos todo lo que ha hecho el pecado a lo largo de la historia. Veamos un análisis más amplio de este asunto. Responde el pastor y periodista Eugenio Orellana:

> Pecado es infracción a la ley divina. Y el castigo por esta infracción es la muerte. *La paga del pecado es muerte...* (Romanos 6.23).
>
> En el universo todo funciona sobre la base de leyes, leyes que los seres creados no pensantes parecen cumplir a la perfección. Los pensantes, en cambio, han optado por infringirlas deliberada y consuetudinariamente, exponiéndose con ello a una paga ineludible: la muerte; y a una muerte no meramente temporal, sino eterna. A una separación para siempre de Dios, lo cual es un millón de veces más horrible que el peor de los fuegos del infierno.

El origen del pecado

Hay bebés cuyo nacimiento es tan afortunado, que se dice que llegan al mundo con un pan debajo del brazo. Es una manera bastante gráfica de referirse a la dicha de aquellos a quienes no solo no les falta nada al nacer, sino que más bien les sobra de todo: cariño, calor, alimentación. Esta ventura, sin embargo, no favorece a todos los niños del mundo; más bien son una minoría los que podrían contarse entre ellos.

Hay algo, sin embargo, con lo que todos nacemos. Es, lo que podríamos llamar, el gen del pecado. *Por cuanto todos pecaron*, dice la Escritura. Y cuando la Biblia dice todos, se refiere a la totalidad de los seres humanos (exceptuando, por supuesto, a Jesús, quien siendo Dios se hizo hombre, sin perder su deidad, *el cual [Cristo] no hizo pecado, ni se halló engaño en su boca*, como afirma 1 Pedro 2.22).

La presencia del pecado en la sociedad humana ha sido el motivo para que a través de toda la Biblia corra un hilo rojo, de sangre, que parte con la muerte del corderito inocente en Egipto (Éxodo 11-12) y termina con la muerte de Cristo en la cruz. El cordero inocente del Antiguo Testamento es tipo del Cordero de Dios que ofrenda su vida como la única forma de contrarrestar el efecto del pecado entre los hombres y recuperar para Dios lo que se había perdido, a causa, precisamente, del pecado.

La fuente o punto de origen del pecado

Si queremos buscar la fuente o punto de origen del pecado, tenemos que retroceder en la historia hasta llegar al Huerto del Edén, donde nuestros primeros padres inauguran con un acto de desobediencia mayúscula la era de la decadencia humana. *Por tanto, como el pecado entró en el mundo por un hombre [Adán] y por el pecado la muerte, así la muerte pasó a todos los hombres, por cuanto todos pecaron* (Romanos 5.12). Pero quedándonos en Adán, aun no hemos llegado a la fuente primaria del pecado. Tenemos que ir más atrás, salir de esta tierra y llegar al ámbito celeste mismo. Allí nos encontramos con un hecho singular, que podría identificarse como el punto de origen del pecado y sus consecuencias no solo para el hombre sino para toda la creación.

Se trata de la rebelión de Lucifer, aquel ángel magnífico creado por Dios para ocupar un sitio preferencial entre los seres angelicales pero que optó por rivalizar con su Creador, siendo degradado y transformado en lo que la Escritura nos presenta como Satanás, el diablo. (Precisamente, a modo de comentario entre paréntesis, estudiosos de los hechos bíblicos han creído ver entre Génesis 1.1, *En el principio creó Dios los cielos y la tierra* y Génesis 1.2a, *Y la tierra estaba desordenada y vacía* la presencia de un hecho de tal magnitud que llegó a trastornar seriamente la perfección de lo creado por Dios. Y este hecho, se aventuran a suponer, fue, precisamente, el conflicto creado en las regiones celestes a raíz de la sublevación de Lucifer y su consiguiente degradación junto con todos los ángeles que le siguieron los cuales, a raíz de este hecho, vieron su nombre genérico cambiado de ángeles a demonios, que es como se les conoce actualmente. Nosotros, como este supuesto no contraviene lo dicho por la Escritura al respecto ni ninguna otra afirmación del libro de Dios, lo aceptamos como posible.)

El padre del pecado

En el Antiguo Testamento encontramos dos pasajes sumamente sugerentes, que aunque tienen como protagonistas a seres humanos (el rey de Babilonia y el rey de Tiro, respectivamente) parecen referirse a la caída de Satanás: *¡Cómo caíste del cielo, oh Lucero, hijo de la mañana! Cortado fuiste por tie-*

rra, tú que debilitabas a las naciones. Tú que decías en tu cora-
zón: Subiré al cielo; en lo alto, junto a las estrellas de Dios,
levantaré mi trono, y en el monte del testimonio me sentaré, a
los lados del norte; sobre las alturas de las nubes subiré, y seré se-
mejante al Altísimo. Mas tú derribado eres hasta el Seol, a los
lados del abismo (Isaías 14.12-15). Tú eras el sello de la perfec-
ción, lleno de sabiduría, y acabado de hermosura. En Edén, en
el Huerto de Dios estuviste; de toda piedra preciosa era tu vesti-
dura... los primores de tus tamboriles y flautas estuvieron pre-
parados para ti en el día de tu creación. Tú, querubín grande,
protector... perfecto eras en todos tus caminos desde el día que
fuiste creado, hasta que se halló en ti maldad (Ezequiel
28.12-15).

Fundamentalmente, en Satanás se da el pecado del orgullo y en Adán y Eva, el de desobediencia. Lucifer, no conforme con ser la criatura privilegiada que Dios había
planeado, quiso alzarse y usurpar la condición de Dios de su
Creador. Adán y Eva, en un afán quizás inconsciente de ser
los propios y únicos dioses de sus vidas, desobedecieron a
Dios. No habría de pasar mucho tiempo desde ese entonces
hasta que el hombre decidiera, al margen de la voluntad divina, llegar por su propio camino a las alturas mismas de la
habitación del Altísimo. El resultado de aquella insensatez
(el proyecto de construcción de la torre de Babel) fue un
caos monumental (Génesis 11.1-9). A partir de entonces,
aquellos dos pecados: el orgullo y la desobediencia, empiezan, por así decirlo, a multiplicarse en mil y una expresiones
más, todas las cuales integran el gran conjunto de hechos,
palabras y pensamientos agrupados dentro de la expresión
globalizante de pecado.

¡Miserable [hombre] de mí!

Ya instalado, y a sus anchas, en el ámbito de lo creado, el pecado y su instigador espiritual, Satanás, se han dado a la tarea que da sentido a su existencia: oponerse a Dios, tratar de desbaratar lo creado por Él, extraviar a la raza humana y arrastrarla a un estado de perdición que no fue diseñado para ellos, los hombres, sino para el diablo y sus demonios.

El apóstol Pablo quizás rivalice con el rey David en expresar, con profunda amargura y dolor, su impotencia ante el pecado y su poder perturbador. Ambos, David y Pablo, interpretan a su manera lo que cada uno de nosotros sentimos ante la incontrarrestable fuerza del pecado que nos arrastra a hacer lo que no queremos, pero no nos deja hacer lo que sí queremos hacer. David exclamó, en el Salmo 51: *Ten piedad de mí, oh Dios... límpiame de mi pecado... porque yo reconozco mis rebeliones... contra ti, contra ti solo he pecado... en lo secreto me has hecho comprender... lávame, y seré más blanco que la nieve... esconde tu rostro de mis pecados, y borra todas mis maldades... No me eches de delante de ti...* Estas adoloridas expresiones de un hombre arrepentido son el modelo perfecto dejado por Dios en las Escrituras para que el pecador busque la reconciliación con su Creador. A esto nos referiremos más adelante.

El apóstol Pablo, por su parte, hace una confesión patética de su agonía ante el flagelo del pecado, contra el cual en sus propias fuerzas y poder, se declara absolutamente impotente. En el capítulo 7 y los versículos 11 al 25, declara: *Porque el pecado... me engañó, y por él me mató... Yo soy carnal, vendido al pecado. Porque lo que hago, no lo entiendo; pues no hago lo que quiero, sino lo que aborrezco, eso hago... Yo sé que en mí, esto es, en mi carne, no mora el bien; porque el querer el*

*bien está en mí, pero no el hacerlo. Porque no hago el bien que
quiero, sino el mal que no quiero, eso hago...*

Gracias doy a Dios, por Jesucristo

En lo anteriormente expuesto, vemos un cuadro sombrío y
desalentador. Como Pablo, tenemos que confesar que la ley
«del mal que está en mí» es superior a mis fuerzas; y que a no
mediar una fuerza aun más fuerte que el pecado, estoy condenado al fracaso y a la perdición. Esa es la realidad.

Al final de sus angustiosas expresiones, el apóstol Pablo
pronuncia las palabras de victoria que anuncian cuál es esa
«fuerza superior» que nos libra de la maldición del pecado.
Leemos en Romanos 7.24: *Miserable de mí! ¿quién me librará de este cuerpo de muerte?* Y luego, en el versículo 25, su
gran grito de victoria y liberación: *Gracias doy a Dios, por Jesucristo Señor nuestro.*

La provisión de un Salvador en la persona de Jesucristo
no solo nos rescata de la oscuridad del pecado y de la servi-
dumbre permanente a Satanás, sino que a los creyentes que
pecan les ofrece asimismo la posibilidad de reivindicarse
ante los ojos de Dios. *Hijitos míos, estas cosas os escribo para
que no pequéis; y si alguno hubiere pecado, abogado tenemos
para con el Padre, a Jesucristo el justo. Y él es la propiciación
por nuestros pecados; y no solamente por los nuestros, sino también por los de todo el mundo* (1 Juan 2.1-2).

Conclusión

1. La presencia del pecado es una realidad indiscutible
no solo en la tierra, sino en el universo. Tanto la raza humana, como la tierra y el universo claman por su liberación
como bien lo dice el apóstol Pablo en Romanos 8.18-25.

2. Pecado es violación de la ley de Dios, de sus mandamientos. Como ocurre con muchas de las naciones de la tierra, que al promulgarse una nueva ley se da por sabida por todos los ciudadanos, así Dios ha dejado escritas en su Palabra, la Biblia, sus leyes y mandamientos. Y nos ha dejado el Libro sagrado para que nos enteremos de sus exigencias. Y nos ha dado a cada ser humano recursos mentales y espirituales que nos capacitan para determinar qué es bueno y qué es malo. Y nos ha dado, además, el poder del Espíritu Santo para obtener las fuerzas necesarias que nos permitan optar por lo bueno en lugar de por lo malo.

3. En cuanto a los que no han creído en Jesucristo y en la eficacia de su muerte en la cruz para limpiarnos de todo pecado, la puerta de la salvación se mantiene abierta. Para recibir el perdón de los pecados y nacer en la familia de Dios no hay que comprar ni pagar nada. «¿Qué debo hacer para ser salvo?» les preguntó en cierta ocasión un hombre desesperado a Pablo y Silas. La respuesta de estos es la forma más sencilla de señalar el procedimiento diseñado por Dios para alcanzar la salvación: *Cree en el Señor Jesucristo, y serás salvo, tú y tu casa* (Hechos 16.31). Hay, por lo tanto, un medio. Y permítanme insistir en esto: No hay más que uno. Todas las demás fórmulas que se han inventado son pura falsedad y engaño del mismo diablo. *Jesús le dijo: Yo soy el camino, y la verdad, y la vida; nadie viene al Padre, sino por mí* (Juan 14.6).

4. Como decíamos al referirnos a las palabras del rey David, se requiere que el hombre -y por supuesto la mujer- entiendan que han pecado contra Dios. *No hay justo ni aun uno; no hay quien entienda, no hay quien busque a Dios. Todos se desviaron, a una se hicieron inútiles; no hay quien haga*

lo bueno, no hay ni siquiera uno (Romanos 3.10-12). Y al aceptar esta realidad, pidan perdón a Dios confesándole a Él sus maldades e iniquidades. Y, como asegura el propio rey David en el Salmo 51.17, *Al corazón contrito y humillado no despreciarás tú, oh Dios.* Aquí podríamos sugerir una ecuación que no falla: Humillación + solicitud de perdón + arrepentimiento genuino = perdón, liberación y vida eterna.

5. Finalmente, el poder de la sangre de Cristo desvirtúa y desactiva el poder del pecado. Creer en ese poder es el principio de la sabiduría. *Y yo les doy vida eterna; y no perecerán jamás, ni nadie las arrebatará de mi mano* (Juan 10.28).

Eugenio Orellana es, traductor y editor *free lance* de Caribe/Betania Editores. Es fundador/director de «Ministerios de Literatura a Hispanoamérica». Es pastor y desde el año 1970 es miembro de la Misión Latinoamericana. Reside en la ciudad de Miami con su esposa, Cire Castillo Sáez.

QUÉ ES LA TENTACIÓN, CÓMO ACTÚA Y CÓMO VENCERLA

Hemos escuchado decir infinidad de veces: «Me di cuenta después que lo hice...», «No pude vencer la tentación», «No sé cómo caí», «No tuve fuerza para vencerla», «¡Dios mío! ¡Cómo fue que lo hice!» «¡Qué fue lo que me pasó!»

¿Cuáles son los resortes que hay que tocar para vencer la tentación? Responde el evangelista Alberto Mottesi:

«No podemos evitar que los pájaros vuelen sobre nuestras cabezas; sí podemos evitar que hagan su nido encima de nuestras cabezas». Creo que fue Martín Lutero el autor de esta declaración, y qué gran verdad que entraña la misma.

Vivimos en un mundo que continuamente ejerce presión sobre nosotros para que transgredamos la ley de Dios. Tentación es justamente eso: la insinuación o invitación a cometer un acto que está en contra de los principios y santidad divina. En realidad, no podemos evitar que la tentación esté allí. Sí podemos (y debemos) evitar que tenga el señorío sobre nuestra vida. *Cuando alguno es tentado, no diga que es tentado de parte de Dios; porque Dios no puede ser tentado por el mal, ni él tienta a nadie; sino que cada uno es tentado, cuando de su propia concupiscencia es atraído y seducido. Entonces la concupiscencia, después que ha concebido, da a luz el pecado; y el pecado, siendo consumado, da a luz la muerte* (Santiago 1.13-15).

¿De qué manera somos tentados?

Evidentemente, aquí juega un papel vital nuestra naturaleza carnal. Me preguntaron al final de una entrevista de dos horas en televisión: «¿Cuál ha sido su principal enemigo en todos los años de su ministerio?» Sin titubear, contesté: «El principal enemigo de Alberto Mottesi ha sido Alberto Mottesi. Lo conozco de cerca. Lo tengo que mantener a raya. No puedo permitirle ninguna libertad».

Pablo dice: *Porque si vivís conforme a la carne, moriréis; mas si por el Espíritu hacéis morir las obras de la carne, viviréis.* Romanos 8.13.

Nuestra mente es la puerta de entrada a nuestra personalidad. Si mantenemos la puerta abierta a la sensualidad, los apetitos pervertidos, las ambiciones de nuestro ego, entonces la tentación nos vencerá y se convertirá en hechos vergonzosos que marcarán nuestra vida. ¡Cuidado con nuestra mente!

Déjame contarte una historia. La ciudad se llama Monterrey y está ubicada al noreste de la república mexicana. El muchacho es hijo único de una linda familia cristiana. Nació entre las bancas de una iglesia. Se crió en los principios cristianos. Fue un hijo ejemplar y muy querido en la congregación. Pero andando el tiempo, este muchacho tuvo una idea extraña. «Algún día», dijo, «me gustaría probar el mundo». Compartió sus pensamientos con algunos amigos. «Claro que luego regresaré al Señor. Me reconciliaré con Él, pero aunque solo fuera por un día, quisiera probar el mundo».

Un sábado por la tarde, salió a beber los vientos de la ciudad. Se metió en una taberna y en seguida se enredó con una mujer de vida licenciosa. Temprano en la noche terminaron en un miserable motel de las afueras de Monterrey. Luego de una noche de pecado, medio entontecido por el alcohol, se despertó, y ya la mujer no estaba en la habitación; pero antes de salir del cuarto, con su lápiz de labios había escrito sobre el espejo colgado en la pared la siguiente frase: «Muy bienvenido al mundo del SIDA». Y poco tiempo después, este lindo muchacho de Monterrey que dio lugar en su mente a pensamientos extraños, tristemente pasó a la eternidad.

Una decisión correcta en la vida es una decisión por la pureza. *¿Quién subirá al monte de Jehová? ¿Y quién estará en su lugar santo? El limpio de manos y puro de corazón; el que no ha elevado su alma a cosas vanas, ni jurado con engaño. Él recibirá bendición de Jehová...* (Salmos 24.3-5).

No hay dignidad ni honor en una vida disipada. Hay fuerza, honra y bendición en una vida de pureza.

Algo muy importante al pensar en esto de las tentaciones es que ninguna persona cae de golpe; se va deslizando paulatinamente. Cruzó miradas inquietantes y sensuales con quien no debía. Luego siguió alimentando esa relación que debió haber cortado. Comenzó a jugar peligrosamente con sentimientos. Y cuando menos lo esperaba, terminó enredándose con la otra persona. Cuando quiso reaccionar, ya hay varios que han sido envueltos y dañados. Si es alguien casado, su esposa y sus hijos; sus amigos que empiezan a percibir algo sospechoso.

¡El pecado ofende! Ofende a Dios, al que ha sido afrentado, a la iglesia y aun al mundo. Porque hasta el mundo espera un comportamiento diferente del hijo de Dios.

Lo mismo con el dinero o con cualquier otro aspecto de nuestra vida. Primero la ambición es como una pequeña semilla en nuestro ser interior.

«¿Por qué él o ella tienen todo lo que desean y yo no lo logro? Yo también me lo merecería. He trabajado tanto por el desarrollo de esta empresa que bien me merezco gozar de alguna ganancia extra».

El pensamiento va germinando hasta convertirse en una actitud. Y de pronto metemos la mano donde no debemos. ¡Cuidado! Nadie cae de golpe. Va deslizándose lentamente hasta consumar el hecho. Lo más triste es que vamos auto-justificándonos, luego vamos creyendo hasta nuestras pro-pias mentiras. Y si no reaccionamos rápidamente, lo que fue una tentación (pensamiento) y que luego se transformó en una actitud (pecado), llegará a ser un hábito (vida corrom-pida).

Frente a este cuadro tenemos dos clases de medicinas para aplicar. Una es la *medicina curativa* si ya el pecado ha sido consumado.

> *Hijitos míos, estas cosas os escribo para que no pequéis; y si alguno hubiere pecado, abogado tenemos para con el Padre, a Jesucristo el justo* (1 Juan 2.1).

> *Mientras callé, se envejecieron mis huesos en mi gemir todo el día. Porque de día y de noche agravó sobre mí tu mano; se volvió mi verdor en sequedades de verano. Mi pecado te declaré, y no encubrí mi iniquidad. Dije: Confesaré mis transgresiones a Jehová; y tú perdonaste la maldad de mi pecado* (Salmos 32.3-5).

> *El que encubre sus pecados no prosperará; mas el que los confiesa y se aparta alcanzará misericordia* (Proverbios 28.13).

¡En Dios hay misericordia incontable para perdonar!

¡Su amor no tiene límites! Él es un Padre lleno de ternura. Ahora bien, si el proceso curativo se realizará, no solo necesitamos *confesar*, también debemos *renunciar* drásticamente al pecado y hasta donde sea posible debemos *restituir* a quien hayamos afectado.

La otra es la *medicina preventiva*. Aquí entran varios elementos que pueden sernos de una ayuda extraordinaria. Por ejemplo:

La Palabra de Dios

¿Con qué limpiará el joven su camino? Con guardar tu palabra. Con todo mi corazón te he buscado; no me dejes desviarme de tus mandamientos. En mi corazón he guardado tus dichos, para no pecar contra ti (Salmos 119.9-11).

La presencia de Dios

Hijitos, vosotros sois de Dios, y los habéis vencido; porque mayor es el que está en vosotros, que el que está en el mundo (1 Juan 4.4).

También el mantenernos activos en la obra de Dios nos librará de muchas tentaciones. Alguien dijo que «una mente desocupada es el mejor taller de Satanás». El mantenernos activos *sirviendo al Señor y a nuestro prójimo* es un elemento preventivo extraordinario.

También la práctica de algún deporte hace que nuestra mente esté despejada. Y por supuesto, una vigilancia continua de cada aspecto de nuestra vida será vital para no caer y ser derrotados. Si tuviera que señalar uno de los elementos más importantes para nuestra protección, diría sin titubear la comunión con otros cristianos. Es en la iglesia donde hayamos una fuerza extraordinaria para vivir y triunfar.

Quiero concluir asegurándote una cosa: nuestro Dios es un Padre maravilloso, un Salvador extraordinario y un Espíritu poderosísimo. No tenemos que ser arrastrados por las fuerzas del mal. Él puede ayudarnos a caminar en libertad e integridad.

> *No os ha sobrevenido ninguna tentación que no sea humana; pero fiel es Dios, que no os dejará ser tentados más de lo que podéis resistir, sino que dará también juntamente con la tentación la salida, para que podáis soportar* (1 Corintios 10.13).

¡Dios es fiel! Nos ama con amor entrañable. Perdona nuestras iniquidades y nos da fuerzas para hacer su voluntad. ¡A Él sea toda la gloria! ¡A Él sea nuestro amor y fidelidad!

Alberto Mottesi es uno de los conferenciantes más conocidos y respetados en el mundo hispanoamericano. Además de las campañas masivas que lleva a cabo en toda América Latina, su ministerio se realiza por radio, televisión y libros que ha publicado. Reside con su esposa Noemí en Huntington Beach, California.

QUÉ ES LA BIBLIA Y CÓMO COMPRENDERLA

Desde que Gutemberg inventó la imprenta se han impreso millones de libros. Para informar, deformar, cantar, construir, destruir, educar, reclamar, demostrar, calificar, recordar, revolucionar, contemporizar, retractar, indagar, descubrir, teatralizar, acusar, libertar, engañar, sanar, denunciar, pacificar, reivindicar, conmocionar, etc. Libros de cuentos, novelas, de historia, geografía, matemáticas, geometría, ensayos, gramática, física, química, derecho, códigos penal, civil y comercial, de teatro, de música, de prácticas militares, de amor, de política y muchos otros de gran importancia. Pero hay un libro denominado El Libro de los libros, la Biblia. Con sus Testamentos Antiguo y Nuevo, es el libro más vendido y que cuenta con más traducciones hechas en todo el mundo. ¿Con qué fin fue escrita y cómo comprenderla? Responde el pastor José María Silvestri:

Llovió todo el tiempo con una fuerza inusitada. Los preparativos ajustados en sus mínimos detalles desde hacía meses, probablemente no tuvieron en cuenta la alternativa climática; o tal vez sí. El estadio mundialista de fútbol de Rosario Central, con capacidad para cuarenta mil personas, tenía dispuesta su plataforma imponente en el centro del campo. Pero ese día llovió todo.

Jorge Porcel llegaba para dar su testimonio por primera vez en su país, Argentina, en la segunda ciudad en importancia, Rosario de Santa Fe. Igual, unas siete mil personas se dieron cita, desafiando la inclemencia del tiempo. Los mú-

sicos y el coro alababan bajo la lluvia torrencial. La participación del grupo folklórico «Trío Mar del Plata» fue un
espectáculo aparte. Para ellos estaba preparada una catarata
desde los cielos. Con todo, hicieron su parte con mucho fer-
vor y excelente nivel. Las imágenes del video nos hacen revi-
vir la escena. Un espectáculo imponente es el ingreso al
campo de Jorge Porcel transportado por un pequeño móvil
que se utiliza corrientemente para sacar de la cancha a los jugadores lesionados en el transcurso de los encuentros. Amorosos hermanos sostenían paraguas mientras corrían tras el
vehículo tratando de proteger a Porcel. Muy cerca de la tri-
buna techada, donde se refugian los enfervorizados asisten-
tes, bajo un improvisado alero, el «Gordo» deja sus huellas
en los corazones de la gente contando el milagro que Dios
hizo en su vida y alentando a los jóvenes con su mensaje tan
directo y el esperanzado latiguillo, «no todo está perdido».

¿Cómo se originó esta cruzada, que incluyó encuentros
en el estadio cubierto del club provincial, así como en el
Centro de Convenciones Cristiano y en el templo central de
la Iglesia Evangélica Misionera Argentina? Veamos:

El viaje a la Capital Federal era normal. La autopista estaba despejada. Buscamos en la radio las noticias del día y
un anuncio nos interesó. El locutor de Radio Continental
aconsejaba continuar en la sintonía porque lo que seguía era
una charla desde Miami del artista Jorge Porcel, que se iba a
referir al cambio en su vida. Con mi esposa nos miramos
con cierto aire de complicidad y, con la esperanza de escuchar una buena noticia, prestamos atención. Oímos a un
Porcel distinto al que conocíamos. Afirmaba firme y sencillamente su nuevo nacimiento a través de la fe en Jesucristo.
Durante unos veinte minutos, su testimonio nos «golpeó»

duro. Tuve que detener la marcha a un costado de la ruta porque las lágrimas me impedían ver. Dentro del automóvil, la atmósfera espiritual que compartíamos nos llevó a dar gloria a Dios con todas las fuerzas.

Fue en ese momento que nos propusimos hacer las gestiones para que Jorge Porcel nos visitara. Desde el primer contacto telefónico hasta el encuentro personal, fue precioso descubrir a Jorge y su familia como genuinos hermanos en Cristo. Su paso por nuestra ciudad ha dejado una marca espiritual muy fuerte y una preciosa amistad que nos honra.

Dentro de este marco, doy respuesta a la pregunta: «¿Qué es la Biblia y cómo comprenderla?»

Desde mi conversión, a los doce años, mi amor por la Sagrada Escritura ha ido creciendo. Por entonces pretendí recrear los Salmos en versos con rima. Todavía guardo aquellos viejos escritos como tesoros de aquel primer amor. Cuando habría llegado a los quince, aprendí casi de memoria para una competencia juvenil, el Evangelio de Marcos. Era por entonces maestro de la Escuela Dominical y las lecciones bíblicas que compartía con los chicos hicieron crecer mi interés por la Biblia.

Hoy, que soy un ministro del Evangelio desde hace más de veinte años, necesito cada mañana encontrar en las páginas de la Biblia el alimento espiritual para mi vida. Mi disciplina personal me lleva a leer seis capítulos por día, incluyendo cuatro en el Antiguo y dos en el Nuevo Testamento. Lo hago de manera ordenada, avanzando capítulo a capítulo. Dentro de este sistema, siempre leo un salmo y un capítulo de Proverbios. ¡Qué precioso es encontrar a la persona divina de Jesucristo en las distintas páginas! A través de imágenes, símbolos o profecías en el Antiguo Testamento, y en la historia misma de los Evangelios o en los distintos mensajes de las Epístolas.

Pero sé que nosotros mismos somos cartas escritas por Dios para que el mundo que nos rodea nos lea. Vos mismo, hermano Porcel, sos el Evangelio viviente. Lo fuiste al escucharte aquella vez por la radio o cuando nos visitaste en nuestra ciudad. Creo que es el desafío grande de este tiempo. El mundo tiene que encontrar al Cristo de la Escritura en nuestras vidas. No ser solamente sermones de rica homilética sino mucho más que eso: columnas y baluartes de la verdad en cada una de las ocasiones que nos presenta la vida. Luz para el mundo somos los cristianos como es lámpara a nuestros pies también la Escritura, según nos lo dice el salmista.

Me impresiona, hermano Jorge, leerlo a Pablo en aquella expresión franca tan osada: sed imitadores de mí, así como yo lo soy de Cristo. A veces me pregunto si sería capaz de hacer semejante afirmación. Y muchas veces me contesto que es difícil, que no puedo, pero luego reacciono y recuerdo que tengo a Cristo por la fe en mi corazón, que el Espíritu Santo mora en mi ser y sigo adelante transmitiendo el único mensaje que salva a cualquier ser humano: el testimonio de la Escritura Sagrada y lo eficaz que ha sido para mi propia vida. Por eso me atrevo a desafiarte a que sigas, por todos los medios posibles, compartiendo tu experiencia de nueva vida en Cristo, como lo estás haciendo. Dios te dará cada día fuerzas renovadas y compensará abundantemente conforme a su promesa tu servicio santo. Por otra parte, algo que ha sido muy claro en mi experiencia personal es que los ministerios deben afirmar su visión a partir de la Escritura. Dentro de la Biblia, todo; fuera de ella, nada. Porque la bendita Palabra que es inspirada por el Señor, es y contiene toda la revelación de Dios. Como alguien dijo, creo en la Biblia de tapa a tapa, incluyendo aquella donde se lee, «Santa Biblia».

Alguien afirmó con suficiente razón y sentido que todo ministro, todo pastor, debiera tener un texto bien claro y definido, «básico», que sostenga su llamado y su visión, sin dejar de lado la totalidad del mensaje bíblico. Cuando, catorce años atrás, fuimos guiados por el Señor a desarrollar la actual tarea ministerial, cuatro pasajes bíblicos perfilaron nuestra tarea, llegando a ser columnas sólidas de nuestro mensaje y enseñanza. Ellos son: Efesios 4.1-16, sobre la unidad de la Iglesia en continuo crecimiento; Apocalipsis 3.7-13, sobre el respaldo de Cristo a su Iglesia, fiel en la Palabra y en el cumplimiento de la misión; Juan 15.1-16, sobre producir fruto, más fruto, mucho fruto, y fruto que permanezca; y, 1 Juan 1.1-10, sobre la limpieza constante (santificación) por la operación continua de la sangre de Cristo.

Aunque el Señor fue dando constante inspiración para guiar al rebaño, estas citas bíblicas vuelven y vuelven, como un latiguillo para que lo prediquemos. La Biblia, la divina, siempre viva y eficaz Palabra de Dios, como repite Carlos Annacondia en cada ocasión que evangeliza, nos demanda leerla, estudiarla y compartirla generosamente en la extensión del reino de los cielos.

José María Silvestri es pastor fundador hace catorce años de la Iglesia Evangélica Misionera Argentina, con sede central en la ciudad de Rosario de Santa Fe, Argentina. Esta iglesia se ha proyectado como un ministerio de grupos celulares hogareños con más de mil doscientas células o grupos de crecimiento. Casado con Viviana Mabel Rodríguez. Tienen cuatro hijos y siete nietos.

QUÉ ES UN PASTOR, QUIÉN LO ELIGE Y CUÁLES SON SUS RESPONSABILIDADES

Los pastores de ovejas tienen la misión de cuidar sus rebaños. Que no tomen el camino equivocado. Que no se pierda ninguna, y si hay alguna descarriada, hacerla que vuelva al redil. Las ovejas, al reconocer la voz de su pastor, podrán seguir el sendero correcto. Veamos cuál es la explicación teológica de qué es un pastor y su responsabilidad. Responden el evangelista Luis Palau y el conferenciante Jaime Mirón:

Durante una cruzada se nos acercó una pareja joven. Eran un pastor y su esposa. Ella estaba por dejar a su marido después de ocho años de casados y seis en el pastorado. ¿El motivo? Debido a las demandas de la iglesia, al pastor no le quedaba tiempo para la familia. Ella explicó que su esposo se había «reformado» dos veces, pero después había vuelto a lo mismo. «He perdido toda esperanza» confesó con lágrimas en los ojos. Por su parte, el pastor reconoció su falta pero explicó que «la congregación espera que yo haga todo. A veces recibo llamadas hasta las dos de la madrugada».

Las trágicas circunstancias de esta familia nos hicieron meditar sobre la situación actual de los pastores, y en forma más específica sobre el propósito bíblico de los pastores. ¿Qué es un pastor y, según la Biblia, qué función cumple? ¿Habrá soluciones que ayuden a este pastor y a los centenares que se encuentran en situaciones similares, viviendo con un desequilibrio que no parece bíblico?

La Palabra de Dios ordena que nombremos líderes en la iglesia. ¿La razón? Existen dos grupos bien diferenciados: las ovejas y los lobos.

Comenzamos con la situación de las ovejas. Efesios 4.11-14 explica la urgencia de las ovejas en cuanto a tener pastores. Cuando Cristo vio que las multitudes «eran como ovejas sin pastor» (Marcos 6.34), de inmediato comenzó a enseñarles. Sucede que las ovejas tienen grandes necesidades: profundizar en el conocimiento de las Escrituras, dejar de ser niños, adquirir discernimiento, aprender cómo ministrar al Cuerpo de Cristo, aprender a hablar la verdad en amor, llegar a la estatura de la plenitud de Cristo. La función del pastor-maestro es una de las capacidades espirituales que el Espíritu Santo da a ciertos cristianos para que estos apacienten a la grey, la congregación de creyentes (véase 1 Corintios 12).

En segundo lugar, la iglesia también requiere pastores debido a la existencia de lobos. Hechos 20.29-30 pinta un cuadro amenazador: «Sé que después de mi partida», dice el apóstol Pablo, «vendrán lobos feroces entre vosotros que no perdonarán al rebaño». Pablo nos advierte de dónde vendrían los lobos; no solamente de afuera (como si eso fuera poco) sino además «de entre vosotros mismos se levantarán algunos hablando cosas perversas para arrastrar a los discípulos tras ellos». El problema es que muchos «vienen ... con vestidos de ovejas, pero por dentro son lobos rapaces» (Mateo 7.15). Los lobos no son fáciles de reconocer.

La esposa del pastor de nuestro ejemplo se preguntaría cómo es posible que un solo hombre, el pastor, cumpla todas las exigencias que parecen ser parte de la responsabilidad pastoral. En realidad, ni una sola vez el Nuevo Testamento, cuando habla sobre pastores, emplea la forma singular de la palabra; siempre utiliza el plural (Hechos 20.17; Tito 1.5; 1 Pedro 5.1; Hebreos 13.17; 1 Tesalonicenses 5.12). El pastor jamás debe ser el «llanero solitario» o el «hombre orquesta», desesperado por realizar él solo absolutamente todo, cumpliendo así los múltiples y hasta desmedidos requerimientos de las ovejas. El Nuevo Testamento presenta un cuadro que toma en cuenta un cuerpo pastoral, varios líderes que comparten entre ellos las exigencias, demandas, responsabilidades, alegrías y satisfacciones del pastorado.

Hay buenos motivos para que haya más de un pastor (aunque una iglesia tenga un pastor principal, el único a sueldo):

- Tendrán diferentes capacidades (dones) espirituales y, por lo tanto, serán aptos para ministrar en diferentes áreas (Romanos 12.6-15; 1 Pedro 4.10).
- La Biblia aclara que en la multitud de consejeros es donde hay sabiduría (Proverbios 1.14; 15.22; 24.6).
- Salomón bien dice: «El hierro con hierro se afila, y un hombre aguza a otro» (Proverbios 27.17).
- Más de uno representa más fuerza: «Más valen dos que uno solo, pues tienen mejor remuneración por su trabajo. Porque si uno de ellos cae, el otro levantará a su compañero; pero ¡ay del que cae cuando no hay otro que lo levante! Además, si dos se acuestan juntos se mantienen calientes, pero uno solo ¿cómo se calentará? Y si alguien puede prevalecer contra el que está solo, dos lo resistirán. Un cordel de tres hilos no se rompe fácilmente» (Eclesiastés 4.9-12).

Hay tres palabras en el griego del Nuevo Testamento que describen a esta persona que comúnmente llamamos «pastor». La primera es *poimain*, que hallamos por ejemplo en Efesios 4.13. Esta hace referencia a la persona que apacienta a las ovejas. Generalmente encontramos esta palabra en su forma verbal, explicando el trabajo de los pastores.

El segundo término griego es *presbuteros* (por ejemplo, Hechos 20.17; Tito 1.5; 1 Pedro 5.1), que se traduce anciano y se refiere a una persona de edad avanzada (en comparación con otros). Hablando en términos espirituales, el vocablo indica a una persona con largos años de experiencia en el Señor y con los requisitos mencionados en 1 Timoteo 3.1-7 y Tito 1.5-9.

Finalmente, hallamos la palabra *episkopos*, que significa sobreveedor, o uno que vigila. Las tres palabras se encuentran juntas en Hechos 20.17-31 refiriéndose a las mismas personas.

Entonces, ¿cuáles son, específicamente, las responsabilidades de los pastores, ancianos, sobreveedores, obispos o como se llamen? La Biblia nos da dos categorías principales. En primer lugar, los pastores gobiernan. En segundo lugar, apacientan.

A. Consideremos la tarea de gobernar. «Los ancianos que gobiernan bien sean considerados dignos de doble honor» (1 Timoteo 5.17). La tarea de gobernar es triple e incluye: dirigir, discernir y disciplinar.

(1) Dirigir. Los ancianos tienen a su cargo la dirección general de la iglesia. (Ciertos estudiosos emplean la palabra «visión» en lugar de «dirección».) La dirección general de la iglesia contesta las preguntas «a dónde vamos» y «cómo vamos a llegar allí». En nuestra iglesia dos veces al año los ancianos tienen un retiro de tres días para orar, reafirmar la dirección de la iglesia y establecer los métodos para llegar a los objetivos proyectados.

(2) En segundo lugar, los ancianos que gobiernan proveen discernimiento para la congregación. Entre otras cosas, se necesita discernimiento y sabiduría para el ministerio de aconsejamiento por ejemplo, para solucionar problemas y tomar decisiones (Romanos 15.14; Colosenses 3.16).

(3) Finalmente, los ancianos se encargan de algo que a la mayoría de nosotros nos desagrada: la disciplina. Los sobreveedores de una iglesia bíblica comprenden cómo lidiar con el pecado de la congregación.

Un amigo nuestro rehusó el nombramiento al cargo de anciano porque no podía siquiera pensar en la posibilidad de ejecutar disciplina a un hermano en pecado. Sin embargo, la disciplina sigue siendo uno de los ministerios más importantes de los pastores. Lo encontramos en varias instancias en la Palabra de Dios. Quizás la más conocida sea la de Mateo 18.15-20, donde Dios otorga autoridad a los líderes de la iglesia para ejecutar la disciplina: «Todo lo que atéis en la tierra, será atado en el cielo; y todo lo que desatéis en la tierra, será desatado en el cielo» (Mateo 18.18). El apóstol Pablo hace mención de esta tarea vital en 1 Corintios 15 y termina con estas palabras chocantes: «Expulsad de entre vosotros al malvado» (1 Corintios 5.13). Vemos, además, el resultado de la disciplina eclesiástica en 2 Corintios 2.1-11, una persona restaurada a la comunión de la iglesia. Luego en 1 Timoteo 5.19-20 Pablo da indicaciones sobre cómo manejar acusaciones contra uno de los líderes, y en Tito 3.10 ofrece consejos en cuanto a la persona que causa divisiones (véase Romanos 126.17). Pablo mismo entregó a Himeneo y Alejandro «a Satanás, para que aprendan a no blasfemar» (1 Timoteo 1.20). De manera que una parte in-

tegral en la dirección de la iglesia del Señor es tratar al pecador con misericordia pero a la vez con firmeza.

B. Veamos también la segunda tarea de los ancianos y
pastores: Apacentar la grey. «Tened cuidado de vosotros y de
toda la grey, en medio de la cual el Espíritu Santo os ha hecho obispos para pastorear la iglesia de Dios, la cual Él compró con su propia sangre» (Hechos 20.28).

(1) La primera responsabilidad de los líderes que se hace
evidente en la palabra apacentar es alimentar. Es responsabilidad del pastor alimentar al rebaño con la Palabra de Dios.
En el culto principal de la iglesia se debe levantar en alto la
bandera de la Biblia; durante dicho culto se debe exponer la
Palabra de Dios todas las semanas, a fin de que la gente vuelva a su casa con un desafío que se desprenda directamente
de la Biblia. Sin embargo, la queja de un pastor peruano
ejemplifica la situación de muchos: «No tengo el tiempo necesario para preparar nuevos mensajes todas las semanas».

Cuando un pastor no tiene tiempo para estudiar la Palabra de Dios, la culpa puede recaer en tres partes:

Tal vez la culpa sea de la congregación por esperar que el
pastor haga todo. A menudo ocurre, pues ha cundido la idea
de que las oraciones del pastor son más eficaces que las del
resto de la congregación, y que por lo tanto él debe ser la
persona que ore, que visite, que exhorte, etc. Todo esto le
deja poco tiempo para sus tareas principales, «capacitar a los
santos para la obra del ministerio» (Efesios 4.12). En realidad, el pastor se ha convertido en un sacerdote evangélico,
mientras la Biblia especifica que todos somos sacerdotes con
el privilegio de acercarnos al trono de la gracia (1 Pedro
2.4-10; Hebreos 4.16).

La culpa también puede recaer en los otros líderes de la

iglesia por no repartir el ministerio entre todos ellos, y de esa manera ayudar y proteger al pastor. Según las capacidades de cada uno, deben visitar, orar, exhortar, aconsejar y tomar parte en la dirección general para que el pastor pueda centrar la atención en sus prioridades: «Perfeccionar a los santos para la obra del ministerio» (Efesios 4.12 RV).

El culpable también puede ser el mismo pastor. Buena parte de la culpa por falta de tiempo para estudiar (o para dedicar a la familia) recae sobre los hombros del pastor por no discipular a otros a fin de que cada uno se responsabilice por parte del ministerio. Sobre todo, es imperioso que establezca sus prioridades, «preparar a los del pueblo santo para un trabajo de servicio» (Efesios 4.12 VP).

La Biblia es la única herramienta que Dios nos ha dado, una herramienta «útil para enseñar, para reprender, para corregir, para instruir en justicia, a fin de que el hombre de Dios sea perfecto, equipado para toda buena obra» (2 Timoteo 3.16-17). Cuanto más se enseñe la Biblia, más crecimiento se verá en la congregación, más responsabilidad aceptarán los miembros (Efesios 4.12) y menos ministerios tendrá que efectuar el pastor en forma personal. Recordemos, el pastor no debe ser el «llanero solitario», sino parte de un cuerpo de ministros sin importar el tamaño de la iglesia.

(2) Otra responsabilidad de los pastores bajo la categoría de apacentar es proteger a la grey. Dirigiéndose a los líderes de la iglesia de Éfeso, después de haberles advertido sobre la amenaza de los lobos rapaces, el apóstol Pablo señala: «Estad alertas» (Hechos 20.31) El escritor de Hebreos hace la misma advertencia, empleando otras palabras cuando dice que los líderes velan por las almas de los feligreses (13.17). Una parte considerable de la labor de los pastores

es proteger a la iglesia de enseñanzas, doctrinas y personas falsas y engañosas. Tan vital es esta parte del deber de los pastores que el autor de Hebreos nos dice que ellos tendrán que rendir cuentas (13.17).

¿A quiénes rinden cuenta los líderes? Hace poco nos llamó una iglesia de Centroamérica porque el pastor principal había cometido un serio pecado. Y el hombre no quería escuchar a los demás líderes, alegando que él se entiende solamente con Dios. Detrás de cada mentira creíble hay algo de verdad. Es cierto que los ancianos tienen que dar razón de sus acciones primero a Dios (2 Timoteo 1.3; 1 Pedro 5.4). Al mismo tiempo, uno de los puntos más débiles en los líderes latinos ha sido y es aun la falta de responsabilidad y sometimiento a un cuerpo de hombres maduros.

Hay otras personas que ayudan a los ancianos a mantenerse aceptables a los ojos de Dios. Estas otras personas ¡son los otros líderes! Bien puede ser una junta de ancianos, directores, lo que fuere, pero los pastores tienen responsabilidasd de dar razón de sus acciones a los demás ancianos (1 Timoteo 5.10-20; 4.10). Judas explica que una de las marcas de los falsos maestros es que «rechazan la autoridad» (Judas 8). Después de estudiar la vida de seiscientos pastores y líderes cristianos, los autores Clinton y Stanley llegaron a la conclusión de que las cinco características principales de quienes llegaban bien al final de sus carreras se basaban en relacionarse con personas que influenciaban sus vidas positivamente, como así también en la relación con mentores capacitados. El hombre orquesta tiene que convertirse en el líder de la orquesta, situación en que cada uno asume su responsabilidad (2 Timotreo 2.2).

Si los pastores son nuestros mentores, velan por

nuestras almas, nos protegen, nos alimentan y marcan el paso de la iglesia, ¿cómo debemos responder al liderazgo de la iglesia? La respuesta está en Hebreos 13.7-17.

Este pasaje no tiene igual en cuanto a su enseñanza sobre lealtad a los líderes de la iglesia donde uno se congrega:

Acordaos de vuestros pastores, que os hablaron la palabra de Dios; considerad cuál haya sido el resultado de su conducta, e imitad su fe. Obedeced a vuestros pastores, y sujetaos a ellos; porque ellos velan por vuestras almas, como quienes han de dar cuentas; para que lo hagan con alegría, y no quejándose, porque esto no os es provechoso (vv. 7, 17).

El escritor de Hebreos nos enseña cinco principios sobre lealtad a los líderes de la iglesia local:

1. Recordar a los líderes (v. 7). En el griego original la palabra aquí traducida «acordaos» significa «contemplar intensamente». Nos está pidiendo que apartemos tiempo para meditar sobre quiénes estén en eminencia sobre nosotros.

2. Imitar la fe de los líderes (v. 7). De la raíz de la palabra «imitar» en el griego surgen las palabras mímica y mimo. El segundo principio es imitar la fe de los líderes, pero no los errores que hayan cometido. Pablo explica: «Sed imitadores de mí, así como yo de Cristo» (1 Corintios 11.1).

«Procuren hacerles el trabajo agradable y no penoso, pues lo contrario no sería de ningún provecho para ustedes (v. 17b. VP). «Obedeced a vuestros pastores, y sujetaos a ellos; porque ellos velan por vuestras almas, como quienes han de dar cuenta».

3. Obedecer a los líderes (v. 17). En este versículo de Hebreos 13 no encontramos la palabra griega más usual para hablar de «obedecer». En su lugar hay una palabra rica en significado que da la idea de «ser persuadido». El escritor, entonces, no habla de obediencia ciega a los líderes, sino de obediencia con discernimiento («no os dejéis llevar de doctrinas diversas y extrañas», v. 9). El término tiene la connotación de examinar la vida del líder, los mensajes que enseña y la doctrina del grupo, y una vez persuadido de que pertenece a la verdad, obedecer. Obediencia ciega es lo que caracteriza a las sectas. El escritor puritano John Owen explica que la obediencia ciega «ha sido la ruina de las almas de los hombres».

4. Someterse a los líderes (v. 17). Este es el único lugar en el Nuevo Testamento donde se encuentra la palabra que aquí se traduce «someterse». El término era común en el griego secular para expresar la idea de sujetarse a las autoridades.

Para que haya armonía y unidad en la congregación, es esencial un reconocimiento claro de la autoridad que Dios le ha dado a su liderazgo. En contraposición al Antiguo Testamento, donde Dios reinó de una forma más directa, en la iglesia neotestamentaria Él ha optado por reinar por medio de sus líderes (presbíteros, pastores, ancianos, obispos o como se llamen). En realidad, cuando nos sometemos a los líderes, nos estamos sometiendo a Dios.

5. Por qué sujetarse. El autor de Hebreos habla sin rodeos cuando instruye: «Obedeced a vuestros pastores, y sujetaos a ellos; porque ellos velan por vuestras almas, como

quienes han de dar cuenta» (RV); «Procuren haceles el trabajo agradable y no penoso, pues lo contrario no sería de ningún provecho para ustedes» (13.17 VP). Hay cuatro motivos por los cuales debemos sujetarnos a nuestros pastores:

a) Porque ellos tienen que rendir cuentas a Dios por la vida espiritual de la grey. Note que ellos «velan por vuestras almas». Velar da la idea de estar atento, despierto, sin dormir.

b) Para que su trabajo sea alegre y agradable. No existe mayor alegría para un pastor que ver a sus feligreses creciendo en la fe. «No tengo yo mayor gozo que este, el oír que mis hijos andan en la verdad» (3 Juan 4). «Así que, hermanos míos amados y deseados, gozo y corona mía, estad así firmes en el Señor, amados» (Filipenses 4.1)

c) Para que su labor no sea penosa ni sea una carga. La palabra griega que la Versión Popular traduce «penoso» da la idea de una carga, un gemir intenso. ¿Cuándo el pastorado se convierte en una carga? Cuando la congregación se vuelve indiferente, se opone a los pastores o entra en actitudes divisorias.

d) Para que su ministerio tenga provecho. La frase «sin provecho» viene del mundo comercial. El provecho del ministerio de los pastores está íntimamente vinculado con la actitud de sujeción de los congregantes. Su labor (enseñar, orar, velar, aconsejar, tomar decisiones, supervisar) no resultará provechosa si la congregación se queja y no se sujeta con alegría.

Entonces, ¿qué es un pastor? Es la persona responsable de una iglesia; es aquel que gobierna, dirige, disciplina al cuerpo de la iglesia, pero al mismo tiempo es aquel que se somete al cuerpo directivo de la iglesia. Es aquel que delega actividades para poder dar una mejor protección a su rebaño.

¿Para qué tener un pastor? Para que enseñe, ore, vele, aconseje, tome decisiones, supervise. Más que nada, un pastor debe ser el amigo que uno sabe que nos va a dar un buen consejo, el amigo en quien podemos confiar; el pastor también es esa persona que sabemos que está siempre lista para escucharnos y llorar con nuestras tristezas o gozarse con nuestras alegrías.

Luis Palau, conferenciante cristiano internacional respetado en todo el mundo por su autoridad espiritual. Palau ha hablado en persona a más de 11 millones en más de 60 países alrededor del mundo y muchos otros millones a través de la radio y la televisión.

QUÉ ES LA FE Y CÓMO FUNCIONA

La fe es un sentimiento que da por hecho que algo en lo que uno ha depositado toda su confianza, va a suceder. Cuando hay duda, la fe queda inmediatamente desactivada. La falta de confianza hace que la duda se acueste y se levante con uno, cerrándole las puertas a todas las buenas posibilidades que ofrece la fe. Esta definición sobre qué es la fe es ampliada a continuación. Responde el pastor Oscar Agüero:

La Biblia revela que Jesucristo es el autor de la vida (Hechos 3.15), el autor de la salvación (Hebreos 2.10 y 5.9) y el autor de la fe (Hebreos 12.2).

El diccionario dice que autor quiere decir causante, creador.

La definición de fe es dada por su autor en el libro de Hebreos cuando dice: «Es pues la fe la certeza de lo que se espera, la convicción de lo que no se ve» (11.1). Lo más asombroso de esto es que la definición de la fe Dios la da en solo 18 palabras y aun si las personas no entendieran estas 18 palabras pero tienen fe en Él, serían salvas y podrían alcanzar exitosamente lo que se propongan obrando justamente.

Cuando todavía era un niño, mi madre enfermó de cáncer. Cuando solo le quedaban unos días de vida, al cruzar con mi padrastro la línea del tren y al venir este a gran velocidad, aquel le propuso que se quedaran parados en medio de la línea para que el tren los atropellara y así terminaran de una vez todos sus sufrimientos, pero mi madre tuvo fe. Le dijo: «¡No! Mientras hay vida, hay espeanza. Tres días después conoció a Jesucristo íntimamente, quien la sanó y le añadió 34 años más de vida. *La fe en Jesucristo vence la enfermedad.*

La enfermedad se fue, pero vivíamos en una casa hecha de barro y de caña. Parientes tenían que ayudarnos a cubrir nuestras necesidades. Un día, mi madre se arrodilló y oró, diciendo: «Jesús, ¿no me sanaste de cáncer? ¿Por qué tengo que vivir pidiendo a los demás? Hoy te pido a ti. Ayúdame en mi economía. El resultado fue que nunca más tuvo que pedir. Dios le multiplicó todo en una manera sobrenatural, incluyendo el dinero.

Yo no sé si mi madre, siendo una persona tan nueva en el Evangelio conocería la definición de fe. Lo que sí sabía ella, y con toda certeza, era que Dios existe y que envió a su Hijo Jesucristo para salvarnos. *La fe en Jesucristo vence la miseria.*

Cuando tenía 20 años me crucé con una adolescente de 14 años. Yo iba manejando una bicicleta. Me gustó la flaquita. Así es que le dije a Dios en oración: «Padre, tú sabes que me gusta la flaca». A los 2 años ya éramos novios y a los 4 nos casamos. Cuando llevábamos dos años de matrimonio quisimos un cambio de vida y viajamos a Estados Unidos como turistas. Nadie nos esperaba en el aeropuerto. No teníamos ni un solo número telefónico al cual llamar para pedir ayuda, de modo que nos abrazamos con Stella y nuestro hijo Jonatán y oramos: «Señor, creemos en ti. Ayúdanos porque a nadie tenemos conocido aquí sino solo a ti». Hoy, después de 11 años como pastor, hemos fundado ocho iglesias en Miami, la principal de las cuales tiene 2500 miembros, predico en cuatro servicios el día domingo, no tengo tiempo para conversar con las personas que quieren hablar conmigo por lo cual apresuradamente salgo por una puerta lateral. Muchas veces con mi esposa nos miramos y yo le digo: «¿Te acordás cuando un día le dijimos a Dios que aquí no nos conocía nadie?» A causa de nuestro programa de radio y televisión, cuando salimos o vamos a cenar es muy raro que alguien no se acerca para decirnos: «Perdón, ustedes son los pastores Agüero, ¿verdad?» Cuando tal cosa ocurre, nos miramos con mi esposa y recordamos el día cuando llegamos a Miami. *La fe en Jesucristo vence la soledad*.

Cuando unimos nuestras vidas en santo matrimonio Stella y yo nos arrodillamos al borde de la cama y nos encomendamos a Dios y le dijimos: «Señor y Dios, muchos matrimonios planean en qué tiempo quieren tener sus hijos. Nosotros eso lo dejamos a ti. Lo que sí nos gustaría sería que el primero sea varón. A los once meses nació Jonatán. Después de cuatro años volvimos a orar y dijimos: «Padre celestial, quisiéramos otro hijo y vemos que no viene; por favor, en el nombre de tu Hijo amado Jesucristo, danos ahora una mujercita. A los diez meses nació Eliam Sissy. *La fe en Jesucristo vence la esterilidad*.

Un día, cuando aun no tenía la residencia en los Estados Unidos, me amenazaron con denunciarme para que me deportaran. Un escalofrío recorrió mi cuerpo, pero al momento operó la fe y dije: «Rechazo eso, no acepto amenazas». Hoy todos en mi familia somos ciudadanos estadounidenses. Tampoco usted acepte amenazas.

Si pudiera les contaría muchos testimonios donde vimos cosas hermosas que Dios nos dio, y todo porque antes creímos. Él nunca nos ha fallado sino que siempre nos ha contestado. Jesús no solo es el Autor, sino también es el Consumador de la fe. (Consumador significa llevar a cabo enteramente, dar cumplimiento, terminar.)

¿Cómo funciona la fe? Comienza a funcionar cuando usted está seguro que sucederá, porque Dios se lo dará. En cierta ocasión en que visité mi país, Argentina, un matrimonio se me acercó para que orara porque habían cumplido diez años de casados y aun no tenían descendencia. Le dije al esposo: «¿Ya compró la cuna?» Y a la esposa: «¿Ya tejió la pañoleta para cubrir el bebé?» Me contestaron: «Este... bueno... no». Les dije: «La fe es la certeza de lo que se espera, la convicción de lo que no se ve. Si quieren que Dios les dé algo, deben creerlo de antemano».

¿Cómo viene la fe? La fe viene ya que es un don, es decir, un regalo que Dios da cuando usted oye a la Palabra de Dios. Por eso es importante a quién va a creer o a escuchar. A veces el médico dice que no hay posibilidades. Los parientes, que todo es imposible. Le chequera, dice: «¡Qué mal que estás!». Y tu corazón: «Ya a tu esposa (o a tu esposo) no la (lo) amas. El amor se murió». Pero Jesús dijo otra cosa. Él dijo: «Si puedes creer, al que cree todo le es posible» (Marcos 9.23). También dijo: «Todo lo que pidiereis al Padre en mi nombre, yo lo haré» (Juan 14.13) y: «Por tanto os digo que todo lo que pidiereis orando, creed que lo recibiréis y os vendrá» (Marcos 11.24). Por eso la importancia de escuchar la Palabra de Dios.

Termino con esto. Un testimonio me falta por contar. Un día, con cuerpo semejante a los ángeles, preguntaré, «¿Dónde está, oh muerte, tu aguijón? ¿Dónde, oh sepulcro, tu victoria?» (1 Corintios 15.55). Porque *la fe en Jesucristo vence la muerte.*

¿Tienes necesidades? Prueba hoy a Jesucristo. La fe en Él, sí funciona. ¿Qué es fe? Fe es creer que este libro no llegó a tus manos por casualidad, sino que el Dios del cielo, tu

Creador que te ama, te está motivando, dando fe para que te vuelvas a Él de todo corazón, para que Él pueda hacer en ti lo que necesitas. Él es el autor y consumador de la fe. No necesitas mucha fe, solo creer las palabras de Jesús, cuando dijo: «Si tuviereis fe como un grano de mostaza, diréis a este monte: Pásate de aquí allá, y se pasará; y nada os será imposible» (Mateo 17.20).

«Cree en el Señor Jesucristo y serás salvo tú y tu casa» (Hechos 16.31).

Oscar y Stella Agüero, de nacionalidad argentina, son pastores y evangelistas radicados en la ciudad de Miami donde han fundado varias iglesias. El ministerio de los Agüero se proyecta, además, a través de la radio y la televisión.

QUÉ ES EL YUGO DESIGUAL

Ayer sábado por la noche vi un programa de gran éxito donde uno de los entretenimientos es el siguiente: un matrimonio expone su problema, cada uno defendiendo su punto de vista. Después, el público vota por uno o por otro. El perdedor deberá aceptar la decisión del gran jurado representado por el público asistente.

En este caso, el esposo era protestante y la esposa católica. Esta no aceptaba que su marido ofrendara a la iglesia el 10% de su sueldo (conocido como el diezmo) tal como lo manda Dios en la Santa Biblia. El marido perdió la votación por abrumadora diferencia. La esposa, que había defendido su postura de que su esposo no diera el diezmo alegando que ese dinero lo quería para gastarlo en viajes, vacaciones y otras cosas, se mostraba muy satisfecha. Finalizado el escrutinio, el moderador preguntó a la pareja por qué no se habían puesto de acuerdo antes de casarse para evitar estas situaciones y, por ende, futuros problemas conyugales. Los dos no supieron qué contestar.

Este conflicto se repite cotidianamente en miles de matrimonios. Yo, dando un salto en el sillón donde me encontraba, grité: «¡Eso es yugo desigual!»

El yugo es el madero donde van unidos los bueyes que tiran de la carreta o del arado. Cuando los dos bueyes son de igual tamaño e igual fuerza tiran parejo. Eso es lo que podría decirse, un yugo igual. Pero si en cambio uno es más débil que el otro, de seguro que tirarán desparejo. Eso es yugo desigual. ¿O no? Veamos una explicación más completa. Responde Jaime Mirón:

«¿Por qué no puedo casarme con mi novio? Admito que es agnóstico, pero es de buena familia, tiene muy buenos principios morales, es muy respetuoso y tiene una excelente trayectoria», me preguntó una muchacha cristiana. Uno de los problemas más agobiantes en la iglesia en todo el mundo es el yugo desigual; es decir, cuando un cristiano forma un matrimonio o aun un noviazgo con una persona que no es de Cristo. La elección de su pareja es de vital importancia porque la decisión marcará el resto de su vida.

Recientemente, un joven sudamericano nos escribió esta contestación a una carta de consejo: «Sus consejos me son muy útiles y me dan paz respecto a si voy a seguir o no con mi novia. Lo único en que no estoy de acuerdo es que no le parezca que una persona creyente se case con una no creyente, pues en uno de los libros del Nuevo Testamento dice que si su pareja es incrédula no la abandone pues puede que salve un alma».

¿Cómo podemos contestar a estas personas y a los miles de jóvenes con las mismas inquietudes, mostrando misericordia y al mismo tiempo siendo leales a las Escrituras? Dios nos dio la Biblia como nuestra autoridad para contestar cuestiones difíciles y no tenemos que depender de nuestras propias ideas, sentimientos o emociones.

En 2 Corintios, Pablo nos da una orden (no una sugerencia) y luego hace una serie de preguntas: «No os unáis en yugo desigual con los incrédulos; porque, ¿qué compañerismo tiene la justicia con la injusticia? ¿Y qué comunión la luz con las tinieblas? ¿Y qué concordia Cristo con Belial? ¿O qué parte el creyente con el incrédulo?» (2 Corintios 6.14-15). La mayoría estamos de acuerdo en que el matrimonio entre un cristiano y un inconverso está terminantemente prohibido por Dios. Todo creyente que contrae nupcias con una persona fuera de la familia de Dios puede estar segura que está actuando contra la voluntad del Señor, cualesquiera que sean las circunstancias. Sin embargo, no estamos tan seguros del por qué.

Un día, me encontré con una joven que años atrás había sido parte del grupo juvenil que mi esposa y yo habíamos dirigido en Guadalajara, México. Me explicó que cuando era miembro del grupo de jóvenes pensaba que como Dios no tenía otras cosas que hacer, había decidido prohibir el casamiento entre uno de Sus hijos y un inconverso. Con lágrimas en los ojos me confesó que ahora sí entendía por qué Dios prohíbe el matrimonio desigual. Sobre todo es para la felicidad de sus hijos.

Al contraer matrimonio, las dos partes llegan a ser «una sola carne» (Efesios 5.31; Génesis 2.24). La frase «una sola carne» expresa antes que nada la relación sexual dentro del matrimonio; pero el sentido completo se desarrolla más ampliamente con el correr de los años. El matrimonio es un enlace que involucra no solamente el cuerpo, sino también el alma y el espíritu.

La Biblia prohíbe el matrimonio mixto entre creyentes e inconversos porque no es posible desarrollar en forma plena la verdad de «una sola carne». No se puede unir el espíritu viviente del creyente y el espíritu muerto (sin Cristo) del inconverso. No hay ni habrá comunión espiritual (2 Corintios 6.14, 15); por lo tanto, la comunicación se realiza solamente a nivel del «alma»; es decir, la sala de controles de quien no conoce a Cristo.

Sin embargo, cualquier padre, pastor o consejero que ha tenido que lidiar con una persona locamente enamorada de otra inconversa sabe que declara que el suyo es un «amor» tan fuerte que está seguro que su situación particular no está contemplada en la Biblia y abundan las razones y excusas. Vamos a suponer que la mujer es la creyente. Ella dice:

«No hay cristianos de mi edad en la iglesia».

«Es mucho mejor que la mayoría de los creyentes que conozco».

«Mi novio está de acuerdo en que nos casemos en la iglesia evangélica».

«He visto otros matrimonios que empezaron así y dio muy buen resultado».

«Él no será estorbo para mi vida espiritual».

«Me dice que se va a convertir después de la boda».

«Me permitirá llevar a nuestros hijos a la Escuela Dominical».

«Tengo qu casarme con él porque hemos tenido relaciones sexuales».

Como hemos mencionado, bajo cualquiera circunstancia es pecado casarse con un incrédulo. Por consiguiente, un cristiano está incapacitado para implorar la bendición de Dios sobre ese matrimonio.

En cuanto al argumento de que no hay jóvenes cristianos en la iglesia, quisiera aclarar tres puntos:

a. Los solteros tienen que creer y confiar en las promesas del soberano Dios. «Mis ojos están puestos en ti. Yo te daré instrucciones, te daré consejos, te enseñaré el camino que debes seguir. No seas como el mulo o el caballo, que no pueden entender y hay que detener su brío con el freno y con la rienda, pues de otra manera no se acercan a ti» (Salmos 32.8-9, VP).

b. Uno no siempre está limitado a los muchachos de su

propia iglesia. Una excelente manera de conocer a chicos creyentes es en las actividades y campamentos interdenominaciones.

c. Es mejor no casarse que casarse en contra de la voluntad de Dios. La soltería es una opción bíblica (1 Corintios 7).

Personalmente, no acepto la escapatoria de que los inconversos son «mejores que los creyentes». O algo anda mal con los jóvenes cristianos de esa iglesia (quizás no sean verdaderos cristianos) o el amor ha cegado los ojos de la parte interesada.

Es sorprendente ver que todavía hay personas que piensan que Dios le da la bendición a un yugo desigual con tal que se casen en la iglesia. No importa en qué iglesia se casen, si uno de los novios no es creyente en Cristo, el casamiento sigue siendo desobediencia.

En cuanto al argumento de que existen matrimonios mixtos exitosos, o bien que el inconverso se convierte al Señor después de la boda, lo que ocurrió con Fulano o con Mengano no puede sentar precedentes y permitirme actuar de la misma manera. Mi fundamento es la Biblia, y allí claramente se afirma que tal unión es pecado. Más aún, por cada caso que por la misericordia de Dios ha resultado exitoso, cualquier pastor podrá mencionar 50 otros con resultados nefastos. Es más, hemos visto que la gran mayoría de los incoversos que se casan con cristianos, nunca se convierten al Señor.

Existe una predilección de mandar al altar a una pareja que ha tenido relaciones íntimas. El matrimonio autoriza las relaciones sexuales, pero el mero hecho de tenerlas o de haberlas tenido no equivale a estar casado ni a que deba casarse con la otra parte. A primera vista, Deuteronomio 22.28 quizá dé la idea de que una pareja de novios que cometen fornicación se deben casar y «relaciones sexuales igualan al matrimonio»; sin embargo, este pasaje no trata el caso de una pareja de novios que consienten en tener relaciones íntimas. Por aquel pecado a la pareja le esperaba ser apedreada (Deuteronomio 22.13-24), sino más bien se trata de una violación y el Antiguo Testamento en su intento de proteger a la mujer violada (nadie se casaría con ella) manda que el hombre se case con ella.

Cuando uno de los novios es inconverso, he descubierto que un obstáculo es el testimonio del creyente. El hecho de que él o ella esté saliendo con un inconverso, da testimonio de que algo anda mal en su vida espiritual. Una linda muchacha que trabajaba en una de nuestras oficinas salía con un chico inconverso. Su padre, anciano de una iglesia evangélica, habló con ella; otro la aconsejó. La joven, sin embargo, no nos quería escuchar. «¡Qué importa, si no pienso casarme con él!», decía. Le indiqué que si ese era el caso, estaba perdiendo el tiempo, tal como dice Jeremías: «Cavaron para sí cisternas rotas que no retienen agua» (2.13). No importa cuánta agua uno eche en una cisterna rota, no la retendrá, así que hacerlo es perder tiempo, esfuerzo y energía. Lo mismo sucede en una relación no bíblica. Uno está echando agua pero la cisterna está rota.

A pesar de todos los consejos, ella seguía de novia con ese muchacho. Un día, este, por pura curiosidad, entró en una carpa donde predicaban el evangelio. Se sentó, escuchó el mensaje y al terminar pasó al frente para recibir a Cristo. Esto nada tuvo que ver con el testimonio de la muchacha. Después de comprender todas las implicaciones de la decisión que había tomado, el joven terminó con su novia. Su explicación fue: «No quiero andar con una chica que, siendo cristiana, estaba de novia con un inconverso aunque el inconverso haya sido yo». La última vez que oí hablar de ellos, el muchacho caminaba fiel al Señor y ella se había casado con otro inconverso porque estaba esperando un hijo.

Aunque podemos tener muchos amigos, hay diferentes niveles de amistad.

a. *Los conocidos.* La relación se caracteriza por un contacto ocasional a nivel superficial. Es un trato a nivel general, que se da tanto con creyentes como con inconversos.

b. *La amistad ligera.* Este tipo de relación está basada en intereses o actividades comunes con vecinos, compañeros de trabajo, de escuela, etc. En este grado también podemos hacer amistad con personas cristianas e inconversas. Como sucede en el primer caso, nos brinda una buena oportunidad de evangelizar con nuestra vida y palabra a las personas que no conocen a Cristo.

c. *La amistad familiar o de confianza.* Esta relación se basa en los propósitos y metas de la vida que haya en común. Este nivel está cimentado en una amistad más profunda. Tal profundidad en la relación debe darse entre cristianos. Esta amistad podría conducir a los primeros pasos del noviazgo.

d. *La amistad íntima.* Es un compromiso espiritual muy profundo, de discipulado recíproco. En tal relación existe la libertad de corregirse mutuamente. Hay confianza total, y el propósito es desarrollar el carácter de Cristo. Idealmente aquí se incluyen las últimas etapas del noviazgo y matrimonio.

Los problemas surgen cuando invitamos a amigos inconversos a compartir una profundidad de nuestra vida que ellos realmente no pueden compartir porque no son hijos de Dios.

Algo que pasa a menudo es que el novio inconverso alega convertirse a Cristo. Ello no es señal de que necsariamente deban marchar al altar. Los dos tendrían que conocerse como creyentes, y el nuevo en la fe necesitaría tiempo para exhibir «frutos dignos de arrepentimiento» (Lucas 3.8) y crecer espiritualmente. Porque muchas veces se convierte a su novia o a su religión pero no a Cristo.

Para el creyente ya envuelto en un yugo desigual, el siguiente paso es deshacer este noviazgo no bíblico. A veces no es tan sencillo romper el compromiso por más superficial que sea. Está la presión de los padres, el «no puedo vivir sin ella» del novio y la vergüenza ante familiares, quizá inconversos, que no entienden las normas bíblicas que gobiernan el matrimonio. Un noviazgo roto dejará un gran vacío en el corazón de los dos, pero con el tiempo ese creyente conocerá el gozo profundo que Dios da a los que le obedecen (1 Juan 3.22-24; 5.2-3).

A estas alturas, los líderes de la iglesia tienen una seria responsabilidad para con el joven que rompió el noviazgo. Deberán instruirlo sobre cómo rehacer su vida según los preceptos bíblicos, para que este problema no vuelva a suceder con esa persona ni con los demás jóvenes de la iglesia. Sugiero estudios sobre temas bíblicos en el grupo juvenil, tales como ¿Cómo conocer la voluntad de Dios? ¿Con quién me casaré? ¿Qué es el verdadero amor? ¿Cómo prepararme para el matrimonio cristiano? ¿Cómo comportarse durante el noviazgo? ¿Cómo encontrar un compañero cristiano? El lugar de los padres en el proceso de elegir la pareja.

Otro problema se presenta cuando los novios insisten en casarse a pesar de los consejos de los líderes espirituales de la iglesia. ¿Debe el pastor celebrar tal boda? Por lo general, cuando un pastor decide llevar a cabo la ceremonia en estas condiciones, sus razones son: 1) Temor de perder la oportunidad de evangelizar al cónyuge inconverso después de la boda; 2) Temor de que a pesar de todo, los jóvenes vayan y se casen en otra iglesia; 3) Temor a perder la membresía de la familia del novio cristiano.

Es preciso que la iglesia conozca la postura del pastor en cuanto a este asunto, a fin de apoyarlo, y para que él no tenga que delinearla por vez primera bajo la presión de una crisis.

Para terminar, quiero compartir una carta que recibí recientemente de una señora de Argentina:

«Hace doce años que estoy casada. Pero antes de casarme le había pedido consejo sobre mis relaciones con mi novio inconverso. Usted me respondió y me aconsejó, enviándome las citas bíblicas para que yo pudiera leer lo que el Señor quiere para sus hijos. El resultado por no obedecer es triste y lamentable: dos vidas frustradas. Vivimos juntos, pero nuestros caminos no pueden ser iguales, ni nuestros deseos, ni nuestros anhelos, ni las distracciones, etc. tal como usted lo dice en su carta. Espero que mi testimonio sirva para que todos los jóvenes cristianos escuchen la voz del Señor por medio de sus sabios consejos, y puedan ser felices en sus matrimonios».

Jaime Mirón, consejero bíblico y maestro de la Palabra

de Dios, es vicepresidente de la Asociación Luis Palau. Escritor y conferenciante cristiano de vasta trayectoria y experiencia en el área de la consejería familiar.

QUÉ ES EL CIELO Y QUÉ ES EL INFIERNO

Sobre este tema se ha escrito y se han servido seriamente y hasta con humor pintores de renombre mundial. Lo han usado como tema central de sus obras pictóricas. Se han hecho comedias teatrales, sketches cómicos en teatros de revistas, inclusive se han hecho cuadros musicales y guiones para el cine. Los humoristas los han graficado de manera diversa; por ejemplo, al cielo lo han representado con un gran portal con su entrada celosamente guardada por un personaje de abundante barba ataviado con una blanca túnica, colgando de su cintura un manojo de llaves. Casi siempre el infierno ha sido ilustrado con las clásicas cavernas en llamas. De entre el fuego, surge la figura de Satanás con cuernos, vestido de rojo y con un tridente en la mano. Veamos la respuesta a que dio origen la pregunta ¿Qué es el cielo y qué es el infierno? Responde Ricardo Loguzzo:

El tema del cielo y el infierno pareciera ser un tema para niños. O típico de las abuelitas que al pasar tiempo con sus nietos utilizan el cielo como premio y el infierno como castigo en alguna historia favorita. «Mirá, nene, que si te portás mal, te vas a ir al infierno». «¿Hasta dónde me querés, hijito?» «Te quiero hasta el cielo, abuelita».

Pero ocurre que cada día que pasa, en la realidad que nos toca vivir nos preguntamos íntimamente: ¿Y qué hay acerca del cielo y del infierno? Los acontecimientos históricos, el fin del milenio que acaba de ocurrir y todos los cambios que se avecinan, más que nunca nos llevan a todos a preguntarnos si existe verdaderamente el cielo y el infierno. ¿Será cierto que estamos llegando al clímax de la historia? ¿A los tiempos apocalípticos? ¿Será un tema para los grandes novelistas, historiadores o cineastas? ¿O pasará simplemente por un tema religioso que solo puede ser abordado por teólogos?

Los poetas, los novelistas, los pensadores siempre nos hablaron del cielo y el infierno pero realmente este tema no se circunscribe a ellos. En estas páginas vamos a meternos de lleno en este tema escalofriante e interesante a la vez: el cielo y el infierno.

Ante esta incertidumbre reinante, y con una sociedad que parece no aceptarlo, podemos decir enfáticamente que el cielo y el infierno son una realidad, y no una «realidad virtual». Una realidad ya establecida desde el principio del mundo.

Muchos argumentos definen la existencia del cielo y del infierno. Por eso los principios bíblicos ocupan un lugar relevante y preponderante en este tema, dado que relatan fehacientemente los comienzos de la historia y de la raza humana y su posición frente al cielo y al infierno, declarando proféticamente su naturaleza.

En la Biblia tenemos un caudal de información que no ha tenido la divulgación que se merece y que el ser huamno no tiene muy en cuenta. Pareciera que el tema del cielo y el infierno es algo que nunca quisiéramos abordar no por falta de interés sino por toda la responsabilidad que implica de nuestra parte. Nos obliga a tomar posición y a no seguir indiferentes.

El hombre siempre quiso conocer su destino, lo que le depara el futuro, cuál es su identidad (quién soy, de dónde vengo, a dónde voy) y por esa razón han proliferado los adivinos, parasicólogos, astrólogos, líneas síquicas que dicen pronosticar el futuro, la vida, la salud, el dinero, el amor, los negocios, la familia, el gobierno. Todos hablan de cómo será el futuro pero todos eluden el verdadero tema del destino final de la humanidad: la muerte y el juicio, que está muy bien definido en las Sagradas Escrituras, la Biblia.

El ser humano tiende a tomar todas las medidas a su alcance para prolongar su existencia y vivir perpetuamente, pero la muerte es ineludible y llega tanto a ricos como a pobres, a reyes y ciudadanos, ancianos y niños, sabios e ignorantes y a cualquier raza o nación. La muerte es el primer escalón de acceso a una eternidad que se divide entre el cielo y el infierno. Pero es en vida cuando el hombre decide cuál de los dos será su destino final. No nos engañemos. No existe un lugar intermedio donde podamos negociar nuestro destino después de la muerte. Muchos intentaron crear esos lugares intermedios antes del cielo y del infierno, como el limbo, el purgatorio, el sueño del alma o la comunicación con los espíritus de los muertos. Para algunos, ya esta vida es un cielo y para otros es un infierno cotidiano. Pero la realidad bíblica es terminante: después de la muerte viene el juicio que determinará nuestro futuro cielo o infierno.

El tren de la vida pasa y nos conduce a una de estas dos estaciones. ¿Cuál es el destino de tu pasaje? Si cada uno de los lectores pudiera entender exactamente la existencia del cielo y del infierno, toda su conducta, su actitud y su proyección de vida serían totalmente distintas. Sus metas, planes y propósitos cambiarían por completo. Si llegáramos a comprender lo hermoso que es el cielo y lo terrible que es el infierno, muchos literalmente correríamos en busca de la salvación, de la solución para poder hacernos ciudadanos del cielo. Sin embargo, los que no la busquen terminarán siendo habitantes del infierno.

Me alegró mucho que en las páginas de este libro se incluya este tema que trae mucha luz sobre el futuro que nos tocará transitar. Y ante esas dos alternativas contundentes, cada lector podrá decidir su futuro final.

¿Qué tal si vamos desmenuzando paso a paso en cuanto al cielo y al infierno? En las Sagradas Escrituras, la palabra «cielo» figura en más de 708 secciones. Allí podemos ver la existencia del cielo y varias de sus características. Asimismo, se menciona unas 86 veces la palabra «infierno» y algunos sinónimos como Seol, Hades, Fuego eterno. Veremos, al menos, una síntesis de ambos.

El cielo

Cuando hablamos de «cielo», lo primero que viene a nuestra mente es el cielo que vemos con nuestros ojos físicos. El cielo es para nosotros la atmósfera, todo lo que rodea a la tierra. También se denomina «cielo» al firmamento, la expansión que miramos con un telescopio, que exploramos con viajes espaciales; es decir, todo el espacio universal.

Pero más allá del espacio universal, existe el «Cielo», el lugar donde está Dios en su trono y Cristo resucitado a su diestra. Por eso, las Sagradas Escrituras en su primer capítulo comienzan enunciando que el cielo es creación de Dios. «En el principio, creó Dios los cielos y la tierra» (Génesis 1.1) Es notable que el capítulo 8 de los Salmos, que nos habla de la creación del cielo y la tierra, fuese la porción de la Biblia que se leyó cuando por primera vez el hombre puso su pie en la Luna y dejó allí una copia como testimonio.

Cuando buscamos en la Biblia todo lo que se relaciona con el Cielo, nos encontramos con muchísimas características del Cielo y de lo que habrá allí. Veamos algunas.

El Cielo es:

- El Paraíso o, literalmente, Jardín
- La Casa de mi Padre. Cuando Jesús habló del cielo, dijo: La Casa de mi Padre con sus numerosas moradas es un hogar de descanso y comunión.
- La Patria Celestial
- La Ciudad Celestial
- La Herencia Incorruptible
- La Herencia de los Santos en Luz
- La Ciudad de Dios
- El Edificio, la Casa Eterna de Dios
- El Reino de los Cielos
- El Reino de Cristo
- El Tercer Cielo
- En el cielo hay luz y no se necesita del sol ni de la luna. No habrá noche.
- En el cielo hay una belleza indescriptible, calles de oro, mar de cristal y toda clase de piedras preciosas.
- En el cielo nuestra capacidad mental se expande al punto que utilizaremos el 100% con el que Dios nos creó y no solo el 5% que estamos utilizando ahora.
- En el cielo tenemos un lugar de descanso construido por la mano de Dios.
- En el cielo nos vamos a reconocer unos a otros, amigos, parientes.
- En el cielo tendremos un cuerpo glorificado, incorruptible.
- En el cielo no hay enfermedad, ni dolor, ni muerte, ni injusticia, ni lágrimas.

- En el cielo hay música.
- En el cielo hay trabajo. Todos estaremos activos.
- En el cielo hay gozo, la mayor felicidad que tengamos hoy en la tierra multiplicada por un millón expresa solo pálidamente el gozo que espera a los hijos de Dios.
- En el cielo hay estabilidad.
- En el cielo la felicidad dura para siempre.
- En el cielo hay vida social, compañerismo, no hay conflictos ni malos entendidos.
- En el cielo hay perfección, no tendremos más defectos, no habrá muerte ni maldición.
- En el cielo hay paz.
- En el cielo estaremos con Cristo, seremos como Él y le veremos tal cual es.
- En el cielo el hombre será como los ángeles, sin sexo.
- En el cielo no hay ladrones ni polillas.
- En el cielo no hay pecado ni impurezas.

Para que haya cielo también tiene que haber infierno. No hay cielo si no hay infierno. En todo el universo, nada se debe temer tanto como una eternidad en el infierno.

El infierno

¿Qué es el infierno? En la Biblia encontramos las siguientes definiciones:

El infierno es:

- Un castigo eterno.
- Un fuego eterno o llamas eternas.

- Un lago de fuego.
- Un fuego que no se apagará.
- Un fuego consumidor.
- El horno de fuego.
- El pozo de la sepultura.
- El abismo.
- El castigo final aparejado para el diablo y sus ángeles, los malos, la bestia y el falso profeta.
- Un lugar de tormento.
- El lloro y crujir de dientes.
- Un lugar de destino para los malvados.
- Un lugar para los que experimentan la muerte segunda.
- Un lugar de recuerdo y remordimiento.
- Un lugar de deseos insatisfechos.
- Un lugar de menosprecios, desesperanzas.
- Un lugar de malas compañías.
- Un lugar de perpetuidad del pecado.
- Un lugar donde no estarán ni la presencia ni el amor de Dios.
- Un lugar de ausencia de toda felicidad.
- Un lugar de remordimiento de conciencia por las culpas pasadas.
- Un lugar con distintos grados de tormentos de acuerdo con los pecados cometidos.
- Un lugar donde sufren el cuerpo y el alma.

Quiénes van al infierno

Los que pactan con Satanás, los suicidas, los borrachos, los homicidas, los hechiceros, los idólatras, los mentirosos, los cobardes, los incrédulos, los abominables, los fornicarios, los herejes, los falsos profetas.

En el infierno nadie quiere estar. Nadie quiere terminar allí. Pero todos somos candidatos seguros a ingresar en él. El ser humano ya ha llenado todas las solicitudes y todavía hay vacantes.

¿Por qué hay gente que opta por el infierno si el infierno es todo esto tan terrible que mencionamos?

Si realmente el ser humano comprendiera lo que es el cielo y lo que es el infierno, de cierto su actitud sería otra y correría rápidamente a la conquista del cielo. Pero no lo hace porque desconoce lo que es el cielo. La religión aun no ha explicado realmente todo lo que es el cielo y todo lo que es el infierno, y cuál es el camino por el que se debe transitar.

El puente salvador

Las Sagradas Escrituras nos muestran que hay un *único camino* a seguir, un *Puente* por donde andar y ese Puente tiene un nombre, Jesucristo. Su obra va más allá de un festejo navideño o de una compungida Semana Santa. Jesucristo mismo dijo: «Yo soy el camino, la verdad y la vida; nadie viene al Padre sino por mí». Dios mismo construyó ese puente para que la humanidad sea salva del pecado y goce del cielo, como dice en la Biblia: *Porque de tal manera amó Dios al mundo, que ha dado a su Hijo unigénito, para que todo aquel que en él cree, no se pierda, mas tenga vida eterna. Porque no envió Dios a su Hijo al mundo para que condene el mundo, sino para que el mundo sea salvo por él. El que en él cree, no es condenado; pero el que no cree, ya ha sido condenado, porque no ha creído en el nombre del unigénito Hijo de Dios. Y esta es*

la condenación: que la luz vino al mundo, y los hombres ama-
ron más las tinieblas que la luz, porque sus obras eran malas.

Mientras el ser humano esté con hálito de vida en esta tierra, puede decidir su destino final: el cielo o el infierno. Jesucristo es el pasaje que en el tren de la vida te puede llevar al cielo. Satanás, el diablo, con sus demonios, es el pasaje que te lleva al infierno. La elección es tuya. Una simple decisión personal definiendo quién entra a morar en tu corazón. Para ir al cielo, debes aceptar el sacrificio de Jesucristo.

Espero que hagas la mejor decisión de tu vida y comiences a disfrutar desde aquí las bendiciones anticipadas del cielo con el Señor Jesucristo viviendo en tu corazón.

Ricardo A. Loguzzo es pastor, maestro y consejero bíblico. Director de eventos masivos de la Asociación Luis Palau por 25 años en América Latina y los Estados Unidos.

QUÉ ES LA SALVACIÓN Y CÓMO SE LOGRA

¿Por qué el ser humano teme tanto a la muerte? Porque la mayoría de los que piensan en ella no tienen la certeza y menos la seguridad de hacia dónde van. ¿Hacia un mundo de oscuridad y lamentos? ¿Hacia la soledad en el espacio sin límites? ¿Hacia un abismo que no termina nunca? Todos estos pensamientos y conjeturas se los hacen aquellos que no han experimentado lo más importante: la decisión de salvar sus almas. Por eso preguntamos: ¿Qué es la salvación y cómo se logra? Responde el pastor Claudio Freidzon:

Todos los hombres, sin importar su rango, cultura, nacionalidad o color de piel, necesitan un salvador. Los avances tecnológicos y cientficos no pueden cambiar la naturaleza pecadora que anida en el corazón del hombre, y que es tan antigua como el hombre mismo. Hace cientos de años no existían artículos tan confortables y útiles como un refrigerador o un computador, pero el hombre ya conocía el odio, el egoísmo, la traición y las pasiones desordenadas. La literatura, aun la más antigua, refleja que el hombre en su naturaleza más íntima no ha cambiado. Basta con mirar sinceramente dentro de nuestro corazón para reconocer que el pecado es una triste realidad. Es suficiente aun con observar un niño, tan hermoso e inocente, para descubrir en sus actitudes egoístas o agresivas las huellas del pecado que hay en él. Las guerras, el sufrimiento, la corrupción y otros tantos flagelos saturan nuestro planeta. El optimismo humanista no ha podido, ni podrá, solucionar el real problema del pecado y sus consecuencias. La educación más excelente, con todos sus beneficios, tampoco podrá extirpar de raíz esta tendencia humana.

El hombre necesita un salvador

Dice el apóstol Pablo a los cristianos de Roma: *Por tanto, como el pecado entró en el mundo por un hombre, y por el pecado la muerte, así la muerte pasó a todos los hombres, por cuanto todos pecaron* (Romanos 5.12). El pecado es rebeldía contra Dios y sus mandamientos. Génesis capítulo 3 relata la caída de nuestros primeros padres, Adán y Eva, quienes en su deseo de independizarse de Dios se rebelaron contra Él. Y el pecado trajo como consecuencia la muerte. La humanidad ha roto la comunión con Dios y está condenada a vivir toda una eternidad sin Dios en un estado de sufrimiento constante. No es un asunto trivial. La salvación es una cuestión de vida o muerte. Y Jesucristo vino para ofrecernos vida eterna. *Porque la paga del pecado es muerte, mas la dádiva de Dios es vida eterna en Cristo Jesús, Señor nuestro* (Romanos 6.23). O como lo expresa el maravilloso texto de Juan 3.16: *Porque de tal manera amó Dios al mundo, que ha dado a su Hijo unigénito, para que todo aquel que en él cree, no se pierda, mas tenga vida eterna.* ¡Estas son las buenas nuevas que predicamos! Que Jesucristo vino a salvarnos de nuestras miserias y pecados, de nuestas propias frustraciones y dolores y fundamentalmente a librarnos de la condenación eterna. Hay quienes pretenden ignorar esta verdad. Consideran que de alguna forma el hombre sorteará el juicio de Dios y entrará al cielo. «No existe tal cosa como el infierno», afirman. Pero la Biblia enseña que Jesús vino a buscar y a salvar lo que se había perdido. Admitámoslo, el hombre sin Cristo está perdido. Si todos los hombres fueran al cielo, ¿para qué

Dios habría de entregar a su precioso Hijo para ser colgado como un criminal en un madero? Nuestra salvación costó un alto precio. Hubo alguien que tuvo que pagar nuestra deuda: *Mas él herido fue por nuestras rebeliones, molido por nuestros pecados; el castigo de nuestra paz fue sobre él, y por su llaga fuimos nosotros curados. Todos nosotros nos descarriamos como ovejas, cada cual se apartó por su camino; mas Jehová cargó en él el pecado de todos nosotros* (Isaías 55.5-6).

El apóstol Pablo lo señala: *Este Jesús es la piedra reprobada por vosotros los edificadores, la cual ha venido a ser la cabeza del ángulo.* **Y en ningún otro hay salvación; porque no hay otro nombre dado a los hombres, en que podamos ser salvos** (Hechos 4.11-12). Jesús mismo afirmó: *Yo soy el camino, y la verdad y la vida; nadie viene al Padre sino por mí* (Juan 14.6). Jesucristo nos ofrece una vida trascendente. Nos eleva de la simple categoría de criaturas de Dios, a la honrosa posición de hijos de Dios (Juan 1.12). Sella la obra de nuestra salvación enviando a nuestros corazones el Espíritu Santo que hace su morada en nosotros. Y en este mundo de pecado, ¡encontramos la vida eterna! Lo sobrenatural comienza a actuar en nosotros. Conocemos la verdadera paz, la felicidad verdadera. Nuestro carácter cambia. Nuestras familias son restauradas. los milagros y maravillas son parte de nuestra experiencia porque Dios se nos ha revelado a través de Jesucristo. Nos ha dado su naturaleza.

¿Cómo obtener esta salvación tan grande?

El primer lugar, admitiendo que no hay nada que podamos hacer o demostrar para merecer la vida eterna. No hay buenas obras ni penitencias que nos permitan alcanzarla. Por el contrario, como vimos en Romanos 6.23, la paga del pecado, lo que en verdad merecíamos, era la muerte. Pero Dios nos ofrece un dádiva, un regalo que anhela entregarle a todo hombre. Este regalo es la salvación y lo recibimos como un favor inmerecido de Dios hacia nosotros. La deuda que teníamos con Dios y que jamás hubiésemos podido pagar, la saldó Jesucristo, el único hombre que no conoció el pecado y se entregó como un manso cordero para borrar con su sangre todas nuestras rebeliones.

En segundo lugar, para obtener la salvación debemos arrepentirnos de todos nuestros pecados: *Pero Dios, habiendo pasado por alto los tiempos de esta ignorancia, ahora manda a todos los hombres en todo lugar que se arrepientan; por cuanto ha establecido un día en el cual juzgará al mundo con justicia, por aquel varón que designó, dando fe a todos con haberle levantado de los muertos* (Hechos 17.30-31). La palabra «arrepentimiento» en su idioma original significa «cambio de mente, cambio de actitud» y refleja una condición necesaria para alcanzar la salvación. Debemos cambiar nuestra actitud hacia Dios. Antes gobernábamos nuestras vidas a nuestro antojo, ahora debemos arrepentirnos de nuestra rebeldía y autosuficiencia, y reconocer a Jesucristo como nuestro Señor y Rey. Dice Romanos 10.8-9: *Esta es la palabra de fe que predicamos: que si confesares con tu boca que Jesús es el Señor, y creyeres en tu corazón que Dios le levantó de los muertos, serás salvo.* El peor pecado que puede cometer un hombre es vivir de espaldas a Dios pudiendo conocerlo, amarlo y servirlo. El arrepentimiento es un paso ineludible para obtener la salvación.

Por último, Dios nos pide que creamos en la obra que Jesús hizo por nosotros. La fe es la segunda condición fundamental para ser salvo: *Sin fe es imposible agradar a Dios*

(Hebreos 11.6). Jesús dijo: *Yo soy la resurrección y la vida; el que cree en mí, aunque esté muerto vivirá. Y todo aquel que vive y cree en mí, no morirá eternamente. ¿Crees esto?* (Juan 11.25-26). Estas palabras se las dirigió Jesús a una mujer llamada Marta. Se presentó como el dador de la vida, y luego le preguntó: *¿Crees esto?* Querido lector, la salvación es lo más maravilloso e importante que nos puede suceder en la vida. ¿Ya has hecho tu decisión por Cristo? ¿Lo has coronado como el Señor, el dueño de tu vida? Si todavía no le has rendido tu corazón por completo, y deseas hacerlo, te invito a hacer esta sencilla oración: *Querido Dios, vengo delante de ti reconociendo que te necesito. Reconozco que soy pecador y me arrepiento de todos mis pecados. Confieso a Jesucristo como el Señor de mi vida y el salvador de mi alma. A partir de este momento viviré para amarlo y para servirle. Escribe mi nombre en el libro de la vida y recíbeme como tu hijo desde ahora y para siempre. Te alabo y te doy gracias por esta salvación tan grande.*

¡Bienvenido a la familia de Dios! Has hallado el gran tesoro. Que nada ni nadie te lo quite.

Claudio J. Freidzon es ministro del evangelio de nacionalidad argentina. Fundó y pastorea la iglesia «Rey de reyes» en el barrio porteño de Belgrano, la que actualmente suma más de cinco mil miembros regulares. Es autor del libro *Espíritu Santo, tengo hambre de ti*, traducido a nueve idiomas.

IX

CONCLUSIÓN

¿Qué tiene que hacer una persona para alcanzar la vida eterna?

Número uno: Reconocer sus pecados.

Número dos: Pedir perdón a Dios y aceptar a Cristo Jesús como su único Salvador. *De modo que si alguno está en Cristo nueva criatura es; las cosas viejas pasaron, he aquí todas son hechas nuevas* (2 Corintios 5.17).

¿Qué tiene que hacer una persona para lograr la vida espiritual plena?

Número uno: Dejar que el Espíritu Santo haga en su vida los cambios necesarios. *No os conforméis a este siglo, sino transformaos por medio de la renovación de vuestro entendimiento, para que comprobéis cuál sea la buena voluntad de Dios, agradable y perfecta* (Romanos 12.2).

Número dos: Estudiar y profundizar en el conocimiento de las Sagradas Escrituras. *Escudriñad las Escrituras; porque a vosotros os parece que en ellas tenéis la vida eterna; y ellas son las que dan testimonio de mí* (Juan 5.39)

Número tres: Practicar la oración. *Orad sin cesar* (1 Tesalonicenses 5.17).

Número cuatro: Congregarse con la comunidad de creyentes. *No dejando de reunirnos, como algunos tienen por costumbre, sino exhortándonos; y tanto más, cuanto veis que aquel día se acerca* (Hebreos 10.25).

Número cinco: Dar testimonio del cambio que Dios ha hecho en su vida. *Y se fue, y comenzó a publicar en Decápolis cuán grandes cosas había hecho Jesús con él; y todos se maravillaban* (Marcos 5.20).

Antes que Jesús resucitado regresara al cielo, entregó a sus discípulos el mandato que se conoce como la Gran Comisión. Les dijo: *Por tanto id, y haced discípulos a todas las naciones, bautizándolos en el nombre del Padre, del Hijo y del Espíritu Santo, enseñándoles que guarden todas las cosas que os he mandado; y he aquí yo estoy con vosotros, todos los días, hasta el fin del mundo* (Mateo 28.19-20).

El evangelista Lucas, al comienzo del libro de los Hechos de los Apóstoles repite con las siguientes palabras lo que Jesús había dicho previamente a sus discípulos: *Pero recibiréis poder, cuando haya venido sobre vosotros el Espíritu Santo, y me seréis testigos en Jerusalén, en toda Judea y Samaria, y hasta lo último de la tierra* (Hechos 1.8).

Durante veinte siglos, el mensaje que Cristo salva ha corrido a lo ancho y largo de la tierra. Pero aun no se ha terminado la tarea pues, según Mateo 24.14, *será predicado este evangelio del reino en todo el mundo para testimonio a todas las naciones, y entonces vendrá el fin.*

¿Y qué de aquellos que han muerto y no conocieron la verdad del Evangelio? ¿Los habitantes de regiones ignotas e incivilizadas? ¿Serán castigados con la condenación eterna igual que los que viven en zonas civilizadas y que han oído infinidad de veces el llamado de Dios al arrepentimiento? Contesto estas preguntas citando lo que la Carta a los Romanos dice: *Porque lo que de Dios se conoce les es manifiesto pues Dios se lo manifestó. Porque las cosas invisibles de él [Dios] su eterno poder y deidad, se hacen claramente visibles desde la creación del mundo, siendo entendidas por medio de las cosas hechas, de modo que no tienen excusa*; por lo tanto,

¡SÁLVESE QUIEN QUIERA!